FOYERS

ET

COULISSES

Histoire anecdotique des Théâtres de Paris

PAR

GEORGES D'HEYLLI

OPÉRA-COMIQUE

1 franc 50

AVEC DEUX PHOTOGRAPHIES

PARIS

TRESSE & STOCK, ÉDITEURS

8, 9, 10, 11, GALERIE DU THÉATRE-FRANÇAIS
Palais-Royal

1886

FOYERS & COULISSES

—

QUATORZIÈME LIVRAISON

—

OPÉRA-COMIQUE

FOYERS ET COULISSES

PAR
GEORGES D'HEYLLI & HENRI BUGUET

Histoire anecdotique de tous les théâtres de Paris.

CET OUVRAGE SE COMPOSERA D'ENVIRON VINGT BROCHURES IN-32,
ORNÉES CHACUNE DE DEUX PHOTOGRAPHIES

Chaque volume......... 1 fr. 50

Les volumes d'un même théâtre ne se vendent pas
séparément.

EN VENTE

IMPRIMERIE GÉNÉRALE DE CHATILLON-SUR-SEINE. — A. PICHAT.

FOYERS

ET

COULISSES

—◆—

HISTOIRE ANECDOTIQUE DES THÉATRES DE PARIS

PAR

GEORGES D'HEYLLI

OPÉRA-COMIQUE

1 franc 50

AVEC DEUX PHOTOGRAPHIES

PARIS

TRESSE, ÉDITEUR

8, 9, 10, 11, GALERIE DU THÉATRE-FRANÇAIS

Palais-Royal.

—

1885

OPÉRA-COMIQUE

PREMIÈRE PARTIE

Le genre charmant, si français, si national de l'opéra-comique remonte bien
haut, comme date originaire, dans l'histoire
générale du théâtre en France. Dès l'année
1595 il apparaît, à l'état embryonnaire il
est vrai, à la foire Saint-Germain. « A cette
époque, dit A. Thurner dans l'intéressant
ouvrage qu'il a consacré à l'histoire des
transformations de l'opéra-comique [1], prirent naissance les spectacles forains di-
rigés par des entrepreneurs, à charge de
payer deux écus aux confrères de la Passion.
Dans le courant du siècle suivant, la *comédie
de chansons* eut lieu à la foire Saint-Germain
pendant les mois de février, mars et avril,
et à la foire Saint-Laurent, boulevard du
Nord, pendant les mois de juillet, août et
septembre. »

1. *Les transformations de l'Opéra-Comique*, par A.
Thurner, un vol. in-18, chez Castel, Passage de l'Opéra.
Paris 1865.

Cependant, jusqu'à 1750, le genre de l'opéra-comique ne progressa que lentement. Jusque-là ce n'était guères qu'une petite comédie ornée de couplets qui n'étaient presque jamais chantés sur de la musique nouvelle. Dès 1715, Le Sage, l'immortel auteur de *Gil-Blas*, fait représenter une parodie du *Télémaque* de Fénelon, dont un violoniste de la comédie française Gilliers, composa la musique. Le titre d'*opéra-comique* était donné à cette production et c'est la première fois qu'il qualifia, en quelque sorte officiellement, le genre de spectacle qui devait s'immortaliser sous son nom. C'est au théâtre de la foire Saint-Germain qu'eut lieu la représentation. Elle commence aussi la longue série de pièces du même genre données par Le Sage, Fuzelier, Dorneval et Piron aux théâtres de la foire, pièces nombreuses dont plusieurs sont remarquables, et où ont puisé ensuite, pour les rajeunir et les moderniser, beaucoup d'auteurs dramatiques et surtout de librettistes. « Le Sage peut donc être considéré, dit notre ami Eug. d'Auriac [1], sinon comme l'inventeur de l'opéra-comique du moins comme le premier écrivain qui ait donné une espèce de forme à ce genre de spectacle. »

Les époux Saint-Edme et Catherine Baron,

---

1. *Théâtre de la foire*, précédé d'un Essai historique, par Eug. d'Auriac, in-18, chez Garnier frères, 1878.

veuve d'Estienne Baron, ancien comédien
de la troupe du roi [1] et fille de Maurice
Vondrebeck, étaient alors les directeurs de
la troupe pour laquelle Le Sage travaillait.
Leur société, constituée le 30 octobre 1713
pour une durée de neuf ans, était autorisée
à exploiter « le chant et le ballet, » mais des
difficultés ne tardèrent pas à survenir entre
les associés : elles eurent deux causes :
1o le nouveau mariage de la veuve Baron
qui épousa en secondes noces un conseiller
au Châtelet Pierre Chartier de Baune, et à
la suite duquel ce dernier suscita des em-
barras à la société par des réclamations de
parts personnelles non justifiées; 2o les
obstacles causés à l'exploitation de l'Opéra-
Comique par les exigences toujours renou-
velées de l'Opéra qui voyait une concurrence

1. Il était fils du fameux comédien Michel Baron et
de Charlotte Lenoir de la Thorillière. Il avait débuté de
très bonne heure au Théâtre-Français dans *l'Homme à
bonnes fortunes*, la plus célèbre comédie de son père (30
janvier 1686) par le rôle du Petit Chevalier. « Il hérita,
nous dit J. Bonnassies dans l'excellente édition qu'il a
donnée en 1870 (chez Picard) de la pièce de Baron, de la beauté de son père et d'une partie de son
talent. Mademoiselle Desmares,, qui en fut éprise, lui
sacrifia le duc d'Orléans, depuis Régent. Il mourut d'épui-
sement le 9 décembre 1711. » Ses trois enfants ont également paru au théâtre, mais sans succès. Ils se nom-
maient François Baron, Jeanne Baron (Mademoiselle de
la Traverse) et Mademoiselle Baron Desbrosses. Voyez
dans l'intéressant ouvrage de Ch. Gueullette *Acteurs
et actrices du Temps passé* (Librairie des bibliophiles) sa
livraison consacrée à Michel Baron. (In-8, 1880.)

angereuse pour ses intérêts dans l'établissement et les progrès de ce nouveau et enahissant confrère. D'un commun accord, e traité fut rompu le 18 décembre 1715. Toutefois, il fut convenu que les anciens associés tenteraient d'obtenir un accommodement avec l'Opéra pour qu'il leur fût permis e chanter au lieu de se servir des fameux criteaux [1] qui leur étaient imposés par la égislation d'alors. Il était convenu en outre jue celui qui obtiendrait l'autorisation nécessaire en ferait profiter les autres; mais a dame de Baune, qui sut à force d'argent 25,000 livres) se faire donner cette autoriation, se refusa à la partager, malgré l'en-

1. Les écriteaux, nous dit d'Auriac dans sa réimpression déjà citée du *Théâtre de la foire* étaient une espèce de cartouche de toile roulée sur un bâton, et dans lequel était écrit en gros caractères le couplet avec le nom du personnage qui aurait dû le chanter. L'écriteau descendait du cintre et était porté par deux enfants habillés en amours qui le tenaient en support. Les enfants maintenus en l'air par le moyen de contre-poids, déroulaient l'écriteau. L'orchestre jouait aussitôt l'air du couplet et donnait le ton aux spectateurs qui chantaient eux-mêmes ce qu'ils voyaient écrit pendant que les acteurs faisaient les gestes. — Nous avons encore eu, de nos jours, des pièces à écriteaux. Au début de l'exploitation du théâtre des Bouffes par Offenbach, en 1855, il ne pouvait jouer de pièces ayant plus de trois personnages parlants. Aussi dans *Croquefer*, où *le dernier des Paladins* (12 fév. 1857) opérette d'Offenbach, un quatrième personnage muet jouait-il son rôle à l'aide d'écriteaux portés par lui et qu'il faisait mouvoir, apparaître et disparaître lui-même à l'aide de ficelles très habilement dissimulées.

gagement qu'elle avait pris, et elle finit, après de nombreux procès, et de nouveaux sacrifices d'argent par avoir gain de cause. Elle dut finalement payer un dédit de 15,000 fr., aux époux Saint-Edme.

Demeurée seule directrice de l'Opéra-Comique, la dame de Baune, après des tentatives nombreuses en vue de faire vivre le spectacle dont elle avait si chèrement acheté le privilège, dut renoncer à l'exploiter seule. Elle vint donc retrouver les époux Saint-Edme qui prospéraient de leur côté, et les deux directions oubliant, dans un intérêt commun, leurs récents différends, unirent de nouveau leurs efforts pour attirer le public, mais il était trop tard : la dame de Baune était ruinée et incapable de réparer ses pertes. Une dernière liquidation eut lieu entre les associés, et la dame de Baune après avoir vendu, pour se liquider définitivement, le peu qui lui restait, dut quitter la France. Elle partit avec son mari pour la Louisiane afin d'y reconstituer leur fortune ; ils en revinrent peu de temps après plus misérables qu'à leur départ. Enfin, triste retour des choses d'ici-bas, l'ancienne directrice de l'Opéra-Comique, dont le nom est indissolublement lié à l'établissement de ce charmant spectacle en France, finit par devenir ouvreuse de loges dans ce même théâtre dont elle avait été un moment l'unique et souveraine maîtresse !

Les Saint-Edme restés seuls à la tête de la direction de l'Opéra-Comique, lui donnèrent une impulsion qui leur devint fatale. La foule était plus nombreuse et plus empressée que jamais : on avait rarement vu les spectacles de la foire attirer plus de monde. Les comédiens français, qui voyaient avec une jalousie croissante le public abandonner leur scène plus sévère et plus relevée, pour suivre les spectacles forains, firent de nouveau tous leurs efforts pour amener leur suppression. C'est surtout à l'Opéra-Comique, le plus couru de ces spectacles, qu'ils firent un procès en règle. En 1718 ils adressent au Régent une requête, qui est conservée aux archives du théâtre et dans laquelle ils protestent « contre les licences des forains. » La Comédie se plaint de la communication que leur fait l'Académie de musique de son privilège, autorisation « qui permet aux bateleurs de jouer la comédie sous prétexte de danse de corde. C'est pour éluder les nombreux arrêts obtenus contre eux qu'ils l'ont demandée ; ils peuvent aussi jouer des pièces qu'ils affichent publiquement et prendre le même prix qu'à la comédie, concurrence désastreuse pour elle. Elle demande qu'on interdise derechef à l'opéra cette violation de l'esprit des ordonnances royales, qu'on défende aux forains de jouer des comédies en parlant ou en chantant, et de prendre plus de dix sols

par place, ainsi que l'ordonnent les règlements de police, enfin qu'on démolisse les
théâtres autres que ceux de danse de corde
qu'ils ont construits. »

L'Opéra, qui avait vendu très cher, comme
nous l'avons vu plus haut, le droit de chanter
à l'Opéra-Comique, répondit aux griefs
enumérés par la Comédie, par un mémoire
qu'on trouve également conservé dans ses
archives et qui peut se résumer en quelques
mots : « Les plaintes de la Comédie, dit le
Mémoire, ne sont pas fondées ; les forains
ne font pas grand tort aux comédiens du
Roi, et le faste de ces derniers est la principale cause de leur gêne. L'Opéra se trouve
d'ailleurs, bien plus obéré qu'eux à cause
des charges écrasantes qu'il subit, la faillite
de Guyenet [1] ayant laissé un passif énorme
à régler [2]. »

La Comédie-Française était alors arriérée
de 300,000 liv. dans sa situation financière
et une note marginale portée à la minute
de la requête conservée aux archives par
l'un des comédiens du temps, attribue l'état

1. Voyez sur la direction de Guyenet le tome Ier de
notre monographie de l'*Opéra* (3 vol. in-18, chez Tresse.
Collection des *Foyers et coulisses des Théâtres de Paris*,
Paris, 1875.) — Guyenet mourut le 20 août 1712 laissant
un passif qui, après une longue liquidation, fut définitivement réglé à 400,000 livres. (Page 56 du volume cité.)
2. Consulter aussi à ce sujet *Les spectacles forains et
la Comédie-Française*. un vol. in-18 de Jules Bonnassies, chez Dentu, Paris 1875.

précaire où se trouve ce grand théâtre à la concurrence sérieuse que lui faisaient les forains.

Pour donner une idée des vexations sans nombre auxquelles le malheureux théâtre forain de l'Opéra-Comique fut alors en butte de la part des trois grands théâtres régulièrement autorisés, soutenus, patronnés par le gouvernement [1], (l'Opéra — la Comédie-Française — la Comédie-Italienne), je citerai le passage suivant de l'ouvrage d'A. Thurner dont j'ai déjà parlé :

« L'orchestre de l'Opéra-Comique de la foire se composait alors de huit violons, un hautbois, une flûte, un basson, deux cors et une contre basse. Le public désertait les grands théâtres et se portait en foule à ce nouveau genre de divertissement. Une vogue immense était désormais acquise au théâtre de l'Opéra-Comique de la foire. Ce succès fut son crime... Placés entre le privilège de l'Opéra, qui leur défendait les chansons et le privilège de la Comédie-Française qui leur interdisait la comédie, les forains eurent de douloureuses luttes à subir avec leurs redoutables rivaux... Il

1. On trouvera d'intéressants renseignements documentaires à ce sujet dans l'ouvrage de Des Essarts, avocat au parlement, intitulé *Les trois théâtres de Paris*, (ou abrégé historique de l'établissement de la Comédie-Française, de la Comédie-Italienne et de l'Opéra) un vol. in-8 — chez Lacombe, libraire, rue de Tournon, Pa-. ris, 1777.

leur fut défendu de jouer des pièces en dialogue ; on alla même jusqu'à supprimer ensuite les monologues. Ces odieuses manœuvres ne firent qu'alimenter l'imagination des forains : ce furent des enfants qui jouèrent, puis des marionnettes ; on essaya des pantomimes, mais les acteurs chantant des airs populaires, l'Opéra s'en émut et interdit cette atteinte portée à sa souveraineté. Que fait-on ? On place alors des écriteaux au bout d'une perche : ce sont les couplets des chansons ; l'orchestre les joue et le public les chante lui-même ; il double son plaisir en prenant part en quelque sorte à l'action et en protestant à sa manière contre les abus intolérables des privilégiés. Ce ne fut pas tout encore : afin d'éloigner des théâtres de la foire la bonne société, une ordonnance fixa un prix unique pour les places : elles furent établies à 24 sols par personne, on exila les instruments à vent et le petit orchestre en fut réduit à quatre violons... »

En dehors de l'argument relatif à la concurrence que lui faisait l'Opéra-Comique forain, la Comédie-Française invoqua la question de goût et de moralité, incriminant très fort le choix des pièces représentées par ce spectacle auquel elle faisait l'honneur de le traiter en rival. Les dernières pièces données par l'Opéra-Comique forain étaient, disait-elle, contraires aux mœurs et aux bienséances. Une comédie de Le Sage, *la Princesse de Carisme* jouée d'abord en octobre 1718 (le 6) chez la duchesse d'Orléans, puis représentée à la foire fut le prétexte de la grave mesure prise contre l'Opéra-Comique. Pendant la représentation le Régent, qui connaissait la décision à intervenir, se serait écrié en présence du succès de la pièce nouvelle : « Ce théâtre est comme le cygne qui ne chante jamais mieux qu'au moment de sa mort. »

C'est le ministère d'Argenson qui gouvernait alors, sous la direction du Régent, et c'est lui qui fit rendre en conseil, l'ordonnance qui atteignit, frappa et démembra momentanément l'Opéra-Comique en première voie de formation. « La police, nous dit A. Thurner, satisfit la jalousie des *grands comédiens*, en envahissant le théâtre de la foire : tout fut brisé, lacéré, saccagé, et après ce glorieux assaut, les archers tinrent garnison dans cette enceinte où le bon peuple avait eu le tort de « se gaudir » en dehors des règles et d'oublier pour un instant ses souffrances. »

Les théâtres forains furent donc fermés par ordre à la fin de la saison de l'année 1718. En 1720 quelques tentatives de résurrection furent essayées, mais sans succès. Enfin, en 1721, un sieur Lalauze obtint un privilège pour l'exploitation de l'Opéra-Comique. Il ouvrit le 28 juillet, et le public accourut de nouveau en foule, mais bientôt des concurrences surgirent : les comédiens italiens qui ne faisaient pas de recettes à l'hôtel de Bourgogne, où ils exploitaient leur théâtre, vinrent s'installer à la foire Saint-Laurent près de l'Opéra-Comique ; enfin une troisième salle s'ouvrit sous la direction de Francisque, mais sans un privilège suffisant. Lalauze parvint à la faire fermer le 18 août. Francisque, puissamment soutenu, bien en cour, obtint l'autorisation de reprendre son théâtre, et Lalauze fut en plus, dépossédé de son privilège dont Francisque hérita. Cette deuxième tentative d'installation de l'Opéra-Comique en France avait donc avorté comme la première.

Il n'en fut plus question jusqu'en 1724, époque à laquelle un sieur Honoré, chandelier de son métier, s'en vint à la foire Saint-Laurent muni du privilège exigé et en possession d'une troupe quelconque contre laquelle se liguèrent tout d'abord toutes les autres. Il y eut lutte, discussions, procès, mais, finalement, Honoré demeura maître de la place et put continuer son spectacle sans trop d'encombre pendant la foire de l'année suivante. En 1726, il est expulsé de la foire par la reprise du terrain que son spectacle occupait, et qui appartenait au cardinal de Bissy. Il est obligé, en conséquence, d'édifier à la hâte une autre salle dans un jeu de paume de la rue de Bucy, et il put l'ouvrir le 19 février avec assez de succès. C'est dans cette même salle qu'il donna le 29 juillet suivant une grande pièce mêlée de chant et de danse, *les Pèlerins de la Mecque* qui eut environ quatre-vingts représentations de suite, chiffre considérable pour l'époque Mais ce succès passager ne se renouvela pas assez vite pour permettre à Honoré de faire des recettes suffisantes pour combler l'arriéré de ses dettes en même temps que ses frais courants. Il fut donc obligé, avant la fin même de la saison de 1727, de céder le reste de son bail à un sieur Pontau qui l'exploita dès la foire de l'année suivante. Le 30 juin de cette même année, Pontau donna la première représentation d'une œuvre nouvelle des fournisseurs habituels de son théâtre, Le Sage, Fuzelier et Dorneval, *Achmet et Almanzine*, opéra-comique dont le succès fut de longue durée [1], et que vinrent entendre et voir la cour et la ville, y compris des princes et princesses de sang royal. Ce fut une vogue sans pareille : la pièce fut jouée 125 fois sans interruption. On y applaudissait surtout, dans le divertissement, le danseur Nivelon,

---

1. Cette même pièce, remaniée, servit de livret au compositeur allemand Schenck pour son opéra représenté sous ce même titre au théâtre national de Vienne, en 1795.

et une jeune et jolie danseuse, mademoiselle Sallé qui a fait depuis tant de bruit à l'Opéra.

La direction de Pontau se soutint avec assez de succès pendant les trois foires suivantes; de nouveaux auteurs lui apportèrent le contingent de leur talent, et notamment Panard, Fagan et de Boissy. Mais en 1732 ses affaires ayant décliné, il fut obligé de céder son bail à un sieur Devienne qui l'exploita pendant cette année-là, à la foire Saint-Laurent. Ce Devienne manquait malheureusement d'expérience, et il dut, à la fin de l'année suivante, rétrocéder son privilège au même Pontau qui, le 26 juin 1734, ouvrit de nouveau la salle de l'Opéra-Comique à la foire Saint-Laurent. Cette nouvelle direction de Pontau dura jusqu'en 1743. Elle a été marquée par quelques évènements notables que nous allons rappeler sommairement.

La saison de l'année 1734 ouvrit par une pièce d'à-propos : *La première représentation*, de Le Sage, musique de Gilliers.

C'était une pièce d'ouverture, en quelque sorte un prologue, et qui ne tirait pas à conséquence. Mais dans la même année, Pontau donna sur la scène de l'Opéra-Comique la première pièce d'un homme qui devait plus tard laisser son nom à ce théâtre même, Charles-Simon Favart que beaucoup ont appelé le père de l'opéra-comique. Le

22 mars 1734 il fit représenter sur le théâtre de Pontau *les Deux Jumelles*, mais en gardant l'anonyme. Le succès en fut très vif. C'était la première fois que des couplets aussi bien tournés étaient offerts au public des foires. Les mémoires de Favart [1] en citent le couplet suivant qui eut alors grande vogue :

Le monde est plein de tricheries.
  Les courtisans
Par mille discours séduisans
Savent cacher leurs fourberies ;
Par les amis, les amis sont dupés.
  Craignons les sermens des coquettes
Et la pudeur de certaines fillettes
  Les plus fins y sont trompés.

D'ailleurs il est difficile de s'étendre longuement sur les premiers ouvrages de Favart, attendu qu'ils n'existent plus, et que le titre seul en a été conservé ainsi que le constate la note suivante que nous empruntons à ses *Mémoires :*

« Les opéras-comiques donnés par Favart depuis 1734 jusqu'en 1741, époque de la représentation de *la Chercheuse d'esprit* sont peu connus du public : le jeune poète attachait si peu d'importance aux premières productions de sa plume qu'il n'en fit im-

1. *Mémoires et correspondances littéraires dramatiques et anecdotiques* de C. S. Favart. 3 vol. in-18, chez Léopold Collin. Paris, 1808.

.primer aucun. Il les jugeait lui-même avec tant de rigueur que sur le manuscrit d'un de ses premiers ouvrages, il avait écrit : « bon à jeter au feu. »

Et d'abord il ne signa aucune de ses premières productions; nous citerons les principales comme curiosité et parce que quelques-unes ont obtenu un succès de durée en leur temps : *Le Génie Satirique* pièce où il critiquait les ouvrages nouveaux et où tous les genres de couplets étaient personnifiés. On a souvent cité le suivant que chantait « le couplet équivoque :

En tenant des propos d'amour,
Iris badinait l'autre jour
Avec Damon sur la fougère
Un serpent caché sous les fleurs,
Sortit et piqua la bergère ;
Pour un plaisir, mille douleurs !

La foire de Bezons, ballet pantomime, critique du ballet des *Indes galantes*. On y trouve ces jolis couplets :

I

Pour l'amoureuse folie
Je n'ai que trop de penchant.;
Près d'Iris et de Sylvie
Je sens un désir pressant ;
Mais la raison me rembarre
Et me dit pour me rasseoir :
  Gare ! Gare !
Le pot au noir.

II

Vous qu'aux rives du Parnasse
Conduit un charme flatteur,
Gouvernez votre sagesse,
Votre espoir et votre ardeur.
Quand on tranche du Pindare
Sans consulter son pouvoir
  Gare ! Gare !
 Le pot au noir.

III

L'autre jour que d'une infante
J'admirais les doux attraits,
Elle est belle, elle est charmante,
Me dit un connaisseur ; mais
Sous cette blanche simarre
Dont l'éclat sait émouvoir
  Gare ! Gare !
 Le pot au noir.

Puis viennent *le Nouveau Parnasse, la Halle galante, les Epoux, le Bal bourgeois, la Servante justifiée, Farinette,* etc.. C'est dans une de ces pièces — les *Mémoires de Favart* les citent sans préciser davantage — que se trouve le branle suivant qui mérite vraiment d'être conservé.

Air : *V'là ce que c'est qu'd'aller au bois.*

Ma mère aux vaignes m'envoyit,
 Je n'sais comment ça se fit.
En partant elle m'avait dit
  Travaille, ma fille ;
  Vendange, grappille ;
Malgré moi Collin m'amusit,
 Je n'sais comment ça se fit.

Malgré moi Collin m'amusit,
  Je n'sais comment ça se fit.
    Si drôlement il m'abordit :
      Travaille, ma fille...
Que pour lui mon cœur s'attendrit,
  Je n'sais comment ça se fit.

Il prit ma main et la baisit,
  Je n'sais comment ça se fit,
  Mais ma vertu le repoussit
    Vendange, grappille....
Si rudement qu'il en tombit,
  Je n'sais comment ça se fit.

Mais en tombant il m'entratuit,
  Je n'sais comment ça.se fit,
  L'un ni l'autre ne se blessit,
    Travaille, ma fille...
Stapendant le coup m'étourdit,
  Je n'sais comment ça se fit.

Un bon trait de vin me remit,
  Je n'sais comment ça se fit,
  En même temps il m'endormit
    Vendange, grappille....
Mon amant pour moi vendangit,
  Je n'sais comment ça se fit.

Si bien de sa sarpe il agit,
  Je n'sais comment ça se fit,
  Qu'avant que l'on me réveillit,
    Travaille, ma fille,
    Vendange, grappille,
Mon panier se trouva rempli....
  Je n'sais comment ça se fit.

On remarquera combien ces jolis couplets ont peu vieilli, et quel charme ils auraient même aujourd'hui dans la bouche de Jeanne Granier, et mieux encore dans celle d'Anna Judic.

Enfin, en 1741, le 20 février, Favart donne son meilleur ouvrage, *la Chercheuse d'esprit*, qui est en même temps l'un des plus parfaits modèles du véritable opéra-comique. Il sauva d'ailleurs momentané-ment ce genre de spectacle. L'entreprise de Pontau, rétrocédée par lui à ce moment même à Monnet, ne battait plus que d'une aile. La pièce nouvelle attira la foule. Un peu plus tard, en 1744, elle dut un nouveau regain de succès aux débuts de made-moiselle Duronceray, fille d'un musicien de la cour du roi de Pologne Stanislas, et qui parut pour la première fois à l'Opéra-Comique sous le nom de mademoiselle de Chantilly. Elle était à la fois actrice, can-tatrice et danseuse, et elle excellait dans les trois genres. Elle avait tout pour elle : charme, grâce, talent et beauté. Favart en devint épris, et il l'épousa le 10 décembre 1745.

Cependant le succès de la nouvelle actrice avait rappelé la foule à l'Opéra-Comique. La jalousie des grands théâtres se manifesta de nouveau, et dans cette même année 1745 au mois de juin, l'Opéra-Comique fut encore une fois supprimé. Favart tenta un moment d'y suppléer. Il se fit directeur lui-même sous un faux nom [1], et donna quelques représentations de pantomimes dont l'une, *les Vendanges de Tempé* eut un succès considérable, grâce au talent de sa femme. C'est à ce moment que Favart reçut et accepta les propositions que lui fit le maréchal de Saxe d'aller diriger la troupe de comédiens qui l'accompagnaient toujours aux armées. On sait que cette entreprise procura de durs mécomptes à Favart. Le maréchal devint amoureux de sa femme, et jusqu'à l'époque de sa mort, survenue le 30 novembre 1750, ils furent tous deux en butte aux plus grands ennuis par suite de la résistance qu'opposa toujours madame Favart aux instances de l'illustre guerrier, et des effets de son ressentiment. Lui céda-t-elle ? L'histoire galante du temps ne semble pas avoir approfondi cette question. Les rigueurs dont, elle et son mari, furent longtemps accablés, et qui ne cessèrent qu'à la mort du maréchal donnent une apparence de raison à l'assertion qui veut que madame Favart soit, en dépit de tout, restée fidèle à son mari.

Pendant ce temps l'opéra-comique avait tout à fait disparu et on put croire, un moment, ce genre de spectacle à jamais sup-

1. Il avait pris comme homme de paille un sieur Matheus, célèbre danseur de corde, qui avait soi-disant le privilège du théâtre que Favart dirigeait.

primé, grâce aux efforts de ses concurrents les grands théâtres privilégiés. On se borna alors dans les foires à quelques représentations de ballets, et parfois à quelques ouvrages à couplets, mais qui étaient inférieurs, comme esprit et surtout comme goût, aux pièces données précédemment sur la scène alors interdite. Enfin en 1751, le 20 décembre, Monnet qui avait un moment pris la suite de Pontau, ainsi que nous l'avons dit plus haut, obtint de nouveau le rétablissement de l'opéra-comique, en même temps que le privilège du théâtre. De ce jour date la fondation définitive de ce charmant spectacle, pour l'exploitation duquel Monnet fit construire à la foire Saint-Laurent une salle magnifique qui lui coûta tout près de 50,000 livres.

« Hâtons-nous d'ajouter, dit Eug. d'Auriac, dans son travail déjà cité, que Monnet a incontestablement l'honneur d'avoir brisé les tréteaux de ses devanciers. Il a, le premier, donné à l'Opéra-Comique la forme d'un théâtre régulier. Cependant il n'osa pas franchir tout d'un coup l'espace immense qui se trouvait entre le genre burlesque, souvent grossier, aimé des spectateurs, et le genre agréable et léger que recherche la bonne compagnie. Il se vit donc contraint de permettre quelquefois sur son théâtre la bouffonnerie, la gaîté gauloise et même l'expression un peu crue. On lui en fit un reproche ; mais les circonstances et la nécessité l'excusent d'autant plus qu'il parvint insensiblement à régénérer le genre de spectacle qu'il dirigeait. Si ceux qui lui ont succédé dans cette entreprise ont été plus loin, il faut reconnaître qu'ils ont eu moins de peine parce qu'ils ont eu moins de difficultés à surmonter. »

Nous citerons encore, pour montrer combien le genre de l'opéra-comique eut de peine à se « dépêtrer » des mauvais principes de son origine populacière et même grossière, une lettre de Favart adressée près de dix ans plus tard au comte Durazzo, et qui figure dans ses *Mémoires* [1] :

1760, 14 janvier.

Monseigneur,

..... Je sens combien une gaîté trop libre et le mauvais goût des équivoques doivent répugner aux bonnes mœurs, et jusqu'à quel point ce serait manquer de respect à une cour vertueuse, si l'on osait lui offrir les tableaux de l'indécence.

L'Opéra-Comique, malgré les soins que nous prenons tous les jours pour l'épurer, se ressent encore de son origine. Ce spectacle, composé des débris de l'ancienne troupe italienne supprimée par Louis XIV, s'établit pendant la régence... L'Opéra-Comique parlait alors la langue des sociétés. C'était le ton du jour, et sa licence devait être imputée bien moins aux

----

1. Lettre deuxième, tome 1er, page 7.

auteurs qu'au public même dont il fallait caresser la dépravation pour obtenir ses suffrages. Le Sage, Fuzelier, Dorneval et Piron furent les premiers qui tentèrent d'anoblir ce théâtre. Ils le purgèrent de ses plus grossières obscénités, mais ils ne remplirent pas entièrement leur objet, parce que l'on était persuadé qu'une liberté cynique constituait le genre de l'Opéra-Comique, et devait en être le caractère distinctif. Le vice était trop inhérent, il fallait du temps pour le détruire. Ce n'est que par degrés imperceptibles que l'on est parvenu à rendre ce spectacle, plus digne des honnêtes gens. J'ai fait moi-même ce que j'ai pu pour y contribuer; mais je sens qu'il y a encore beaucoup à réformer ; c'est à quoi je m'appliquerai...

Je me suis étendu sur cet article pour vous faire connaître l'origine, la nature et les progrès d'un spectacle qui est aujourd'hui si fort à la mode, et pour me justifier, en quelque sorte, d'avoir employé, pour réussir en ce genre, des moyens que j'ai toujours condamnés...

Je suis avec respect..... FAVART.

Nous parlerons un peu longuement de Monnet qui fit de véritables, de sérieux et d'intelligents efforts pour établir le genre de l'opéra-comique en France, et qui peut à bon droit en être considéré comme l'initiateur définitif.

Notre confrère Arthur Heulhard, qui a publié un certain nombre d'intéressants travaux sur la musique, a précisément donné en ces derniers temps une bien cu-

rieuse étude biographique et critique sur
Monnet [1]. Dans la préface de ce petit ouvrage, il peint en quelques lignes cet entrepreneur de spectacles, comme il l'appelle,
et son portrait est parfait et achevé :
—« C'était vraiment un homme fort ingé-
nieux que ce Monnet, plein de ressources
et d'invention et servi par un merveilleux
instinct des choses de sa profession ; un
esprit bien français, actif, éveillé, très res-
pectueux des goûts de ses clients et sachant
cependant bien faire partager le plaisir
qu'il ressentait lui-même à la nouveauté.
Monnet est un trait d'union entre *l'entre-*
preneur de spectacles et *monsieur le direc-*
teur. Par l'importance et la variété de ses
entreprises, il a rehaussé la dignité du
métier. Son nom est inséparable du mouvement artistique du xviii° siècle ; celui
qui en fait l'histoire doit compter avec cette
personnalité [2]. »
    Nous avons dit qu'il avait repris les
affaires de Pontau comme directeur de l'O-
péra-Comique, en mars 1743. Monnet nous

1. *Jean Monnet*, vie et aventures d'un entrepreneur de
spectacles au xviii° siècle, une plaquette in-8° avec
portrait et estampes, chez Alph. Lemerre, Paris, 1884.
    2. Jean Monnet était né le 7 septembre 1703, à Con-
drieu. Il a laissé des *Mémoires* qui portent ce titre original : *Supplément au roman comique, ou Mémoires pour*
servir à la vie de Jean Monnet, ci-devant directeur de
l'Opéra-Comique à Paris, de l'Opéra de Lyon et d'une
Comédie-Française à Londres, écrits par lui-même.

dit lui-même dans ses *Mémoires* à quel point
d'avilissement ce Pontau avait laissé déchoir
son théâtre ;

« Le sieur Pontau, alors possesseur du
privilège, homme d'esprit, mais faible et
peu propre aux détails d'une pareille direction, avait laissé tomber ce spectacle dans
un si grand avilissement qu'il en avait
absolument éloigné la bonne compagnie.
La livrée y était en possession du parterre ;
elle décidait des pièces, sifflait les acteurs,
et quelquefois même ses maîtres quand ils
s'avançaient trop sur le devant de la scène.
Les loges des actrices étaient ouvertes à tout
le monde... l'orchestre était composé par
des gens qui jouaient aux noces et aux guin-
guettes ; rien, en un mot, n'était si négligé,
si sale, si dégoûtant même que les acces-
soires de ce spectacle. »

Monnet qui avait ouvert son spectacle
avec *le Coq du village* de Favart (8 juin 1743),
avait donné un nouveau lustre à ce théâtre
de l'Opéra-Comique jusqu'alors si malchan-
ceux. Mais nous avons vu qu'il fut forcé de
fermer de nouveau son théâtre. Il venait de
jouer une pièce nouvelle *Acajou*, opéra-comique en 3 actes de Favart, qui donna lieu
à un tumulte considérable lequel servit de
prétexte à la suppression définitive de ce
genre de spectacle. Monnet perdit une
grosse somme à la liquidation de son entreprise, et justement dépité, dégoûté même,

il quitta Paris et s'en alla en province où il fonda une salle d'opéra à Lyon.

Nous avons vu qu'en 1751 il obtint de nouveau le privilège de l'opéra-comique avec autorisation de rétablir ce spectacle. Il était alors sans crédit, gêné dans toutes ses affaires et semblait ne devoir inspirer qu'une confiance limitée à ceux même qui avaient patronné sa candidature. Mais avec une activité sans pareille, Monnet trouva moyen de se procurer les ressources qui lui manquaient ; en quelques semaines il fit réparer la salle du faubourg Saint-Germain, recruta une troupe convenable et enfin le 3 février 1752 il ouvrit son spectacle par un prologue de Fleury, *le Retour favorable*.

La direction de Monnet a duré jusqu'à la fin de l'année 1757. C'est seulement en 1753, le 30 juillet, qu'il donna la première pièce qui puisse véritablement être considérée comme le type original du véritable opéra-comique, *les Troqueurs*, paroles de Vadé, musique de Dauvergne. C'était la première œuvre composée dans ces conditions. Le succès en fut très vif, et désormais l'Opéra-Comique ne représenta plus que des ouvrages originaux, ou des reprises d'œuvres étrangères accommodées au goût français.

La troupe qui représenta les pièces jouées pendant la direction de Monnet a compté quelques artistes renommés. M. Heulhard en a dressé soigneusement la liste.

Et d'abord Monnet avait pour sous-direc-
teur Anseaume qui a été un librettiste distingué. Parmi les artistes hommes citons Laruette, Hautemer, qui a aussi écrit des livrets,
Darcis, le comique Bouret, Rebours, etc.. On
remarquait parmi les artistes femmes mesdames Rolland, Desglands, Lemoyne qui
avait un moment paru à la Comédie-Française, Rosaline qui chanta aussi à l'Opéra,
Legrand, Dazincourt, etc.. Les ballets avaient
alors une grande importance à l'Opéra-Comique : citons parmi les directeurs du ballet,
le fameux Noverre ; puis Dourdé ou Dourdet
qui fut le premier qu'ait employé Monnet,
et qui est ensuite passé à la Comédie-Française. Les danseurs et danseuses étaient
assez nombreux, mais se renouvelaient fré-
quemment. Je ne vois pas, dans la liste que
publie M. Heulhard, de nom saillant à
citer.

J'arrive à l'orchestre. Il se composait en
moyenne de dix-huit musiciens, jouant des
instruments suivants : violon ; basse et vio-
loncelle ; contre-basse ; hautbois ; bassons ;
cors et cors de chasse ; timbalier ; trompette ;
alto-viola ; il y avait un chef d'orchestre et
un répétiteur. Enfin la plupart des musiciens jouaient indifféremment d'un instru-
ment ou d'un autre, surtout dans la famille
des instruments de bois.

Il est également curieux de donner le
détail des emplois administratifs et autres

nécessités par l'exploitation de Monnet. On
y trouve un copiste, un dessinateur d'habits;
des peintres décorateurs. Puis : concierge;
contrôleurs; receveuses de billets, à la
porte, à l'amphithéâtre, au parquet, au
parterre, aux premières, deuxièmes, et
troisièmes loges. Enfin deux employés dé-
livrant les billets aux bureaux et aux gui-
chets, l'un pour les premières loges, l'autre
pour les deuxièmes, troisièmes loges et le
parterre.

Il y avait également, à cette époque, des
règlements de police curieux à signaler.

1° *Règlement pour la police intérieure de
l'Opéra-Comique.*

Ce règlement est exclusivement applica-
ble aux artistes du théâtre et aux amendes
et autres peines disciplinaires qu'ils peuvent encourir dans certains cas spécifiés
dûment et clairement en onze articles.
L'article VII° de ce règlement est à signaler :

« Tous acteurs, danseurs, symphonistes
et autres employés qui se présenteront au
spectacle dans un état d'ivresse paieront
l'amende de 6 livres pour la première fois,
et en cas de récidive, il sera libre à l'entrepreneur de les remercier... »

L'article XI défend aux artistes de se placer dans la salle, quand ils ne jouent pas,
ailleurs « que dans une des secondes loges
qui sera destinée à cet effet. »

Cet article réglementaire est encore en usage dans beaucoup de théâtres, notamment à la Comédie-Française où des loges du troisième rang sont réservées aux artistes pour toutes les premières représentations.

2° *Règlements pour les ballets d'Opéra-Comique.*

Il répète un peu les prescriptions du précédent.

L'art.-VI dit que « ceux qui négligeront la propreté dans leur chaussure paieront trente sols d'amende ; »

L'art. VII déclare que « les figurants et figurantes qui ajouteront à la composition du maître des ballets, en y plaçant des entrechats et autres cabrioles, lorsqu'il n'y en aura pas dans le ballet, paieront 3 livres d'amende ».

3° *Garde de l'Opéra-Comique.*

Cette garde « est composée au moins de 16 hommes et d'un brigadier ».

Un peu plus tard, en 1755, elle fut portée à 30 hommes, 4 caporaux et un sergent-major.

Arthur Heulhard nous donne aussi, dans son intéressante monographie, le répertoire complet de l'Opéra-Comique pendant la direction de Monnet. Je ne trouve pas beaucoup de pièces de cette époque dont les titres mêmes soient connus aujourd'hui autrement que par cette nomenclature. C'était, il est vrai, tout à fait l'enfance de l'art

en même temps que du genre. Les ballets
de Noverre, qui donnaient lieu à des déco-
rations, des effets de lumière, au luxe des
costumes etc... avaient surtout la vogue.
Ainsi *les Fêtes chinoises* (1er juillet 1754);
la Fontaine de Jouvence (17 sept. 1754); *les
Réjouissances flamandes* (11 août 1755) etc.,
obtinrent des succès extraordinaires. Quant
aux opéras-comiques proprement dits, on
peut en citer quelques-uns de Vadé dont
beaucoup n'étaient que des parodies d'opéras ou de comédies des grands théâtres: *La
Fileuse*, parodie d'*Omphale* (8 mars 1752); *le
Poirier* (7 août 1752); *le Suffisant* (13 mars
1753) *le Rien* (10 avril 1753); *le Trompeur
trompé ou la rencontre imprévue* (1754), l'un
des meilleurs ouvrages de Vadé; *Il était
temps* (28 juin 1754), parodie qui eut aussi
grand succès; *les Troyennes de Champagne*
(1er fév. 1755); *Jérôme et Fanchonnette* (18 fév.
1755); *le Confident heureux* (31 juillet 1755);
les Racoleurs (11 mars 1756), dont la vogue
fut immense; *l'Impromptu du cœur* (8 fév.
1757), etc. On voit que Vadé était alors le
fournisseur attitré de l'Opéra-Comique.

Mais dans cette même période on peut
encore citer, en dehors des ballets alors si
nombreux, *la Coupe enchantée*, de Rochon
de la Valette (19 juillet 1753); *les Filles*, du
même auteur (14 août 1753); *les Nymphes
de Diane*, de Favart (septembre 1753); *la Pé-
ruvienne* de Rochon de Chabannes (23 mars

1754); *le Chinois poli en France*, d'Anseaume (20 juillet 1754); *la Maison à deux portes* de Hautemer (juillet 1755); *le Diable à quatre* de Sedaine (13 août 1756), musique de Philidor, remis plus tard à la scène avec musique nouvelle de Solié; *le Mariage par escalade* (11 sept. 1756), par Favart; grand succès. Citons enfin *le Peintre amoureux de son modèle*, deux actes d'Anseaume, musique de Duni (26 juillet 1757). C'est le premier ouvrage de cet aimable compositeur et il eut un succès énorme. On alla jusqu'à le comparer à la *Serva padrona* de la Comédie-Italienne, opéra auquel il était en somme très inférieur surtout au point de vue de l'orchestration. A partir de cette époque, Duni « le bon papa Duni » comme on l'avait surnommé, a donné encore dix-sept opéras-comiques dont plusieurs sont charmants.

Cependant Monnet, ayant fait fortune, trouva bon de céder, vers la fin de 1757, le reste du temps qui restait à courir de son privilège aux sieurs Corby, Moët et Cie, moyennant une somme de 83,000 livres « Malgré les 45,000 livres qu'il avait dépensées en constructions, nous dit A. Heulhard, il se retirait avec 6,000 livres de rentes environ du fait de sa direction ».

Collé, dans son *Journal* [1], donne les détails suivants sur la nouvelle direction de

1. *Journal de Collé*, tome II, p. 126. — janvier 1758.

l'Opéra-Comique et sur la combinaison financière destinée à en soutenir l'exploitation :

« Le grand Monnet a quitté l'entreprise de l'Opéra-Comique en s'y réservant seulement une part de 14,000 livres ; il y a six parts de pareille somme dans le fonds de cette affaire. Deshesses, le comédien Italien en a une ; Corbie, cet écumeur de littérature, qui vole les manuscrits à droite et à gauche, et qui a fait imprimer le *Théâtre des boulevards*, en a aussi une ; un nommé Moët, une autre, Favart n'a voulu qu'une demi-part de 7,000 livres, mais on lui fait sur la chose 4,000 livres d'appointements par an. Ces nouveaux entrepreneurs vont entrer en jouissance au mois de février prochain ; ils achèvent le reste du bail de Monnet, lequel a encore trois ans à courir, à ce que je crois ».

La biographie de Monnet nous donne quelques détails sur ses nouvelles entreprises après sa sortie de l'Opéra-Comique. Ils ne peuvent trouver place ici. Bornons-nous à dire que la fin de sa vie fut assez tranquille, calme et même obscure, à ce point qu'un publiciste aussi bien renseigné que notre confrère Heulhard n'a pas pu nous donner aucune date précise sur la mort de Monnet ni aucun détail sur ses derniers jours. « A partir de 1772, nous dit-il, Monnet n'occupera plus les feuilles publiques de sa personnalité que par les annonces qu'elles feront de ses *Mémoires*. Il va s'enfonçant dans une ombre grandissante qui nous dérobera sa trace jusqu'à sa mort ».

Fétis, et quelques autres écrivains ont avancé mais sans preuves suffisantes que Monnet serait mort en 1785. Heulhard a vu un billet autographe, signé de lui le 18 mars 1784, et daté de Soissons. » Serait-il mort à Soissons? ajoute-t-il. Je n'ai pu suivre cette piste jusque sur les registres de l'état civil, les archives de la ville ayant été incendiées en 1814 ».

Faisons un dernier emprunt au curieux ouvrage d'Heulhard sur Monnet: c'est un portrait de Monnet lui-même, en vers, et dont l'auteur est l'abbé de Lattaignant. On le chante sur l'air de *la marche des Houlans* : « A pied comme à cheval. »

Peau bise et poil brunet,
Dents blanches comme lait,
Le regard d'un furet,
Le corps bien fait,
L'air guilleret
Et follet;
Ni trop sec, ni trop replet,
Grand ni basset,
Beau ni laid ;
Râble nerveux de mulet,
Ami, reconnais-tu ce portrait?
Oui trait pour trait,
Voilà Monnet.
En amour volage et coquet,

Comme un roquet,
Sémillant et vif comme un friquet,
Toujours, pour remplir son gousset
Allant au fait,
Jamais distrait de son objet,
Industrieux, sage et discret.
Aussi ribaud qu'un baudet,
Aussi futé qu'un minet,
Aussi flatteur qu'un barbet,
Conduisant bien son bidet.
Sachant donner le torquet [1],
Plumant sans bruit le poulet,
Trompant Suzon et Babet,
Enjôlant par son caquet
Ami, maître, maîtresse et valet,
Oui, trait pour trait,
Voilà Monnet [2].

Les successeurs de Monnet, en suivant ses traditions ne pouvaient manquer de faire fortune à leur tour. Ils portèrent au plus haut point, pour l'époque, la fortune de l'O-péra-Comique : Duni, Philidor, Monsigny, comme musiciens et Sedaine comme librettiste, commencèrent pendant cette période, leur brillante carrière musicale et dramatique. Il faut citer les principales œuvres

1. Vieux mot qui signifiait : piège, panneau, « sachant donner le torquet, c'est-à-dire au figuré sachant tirer bon parti des gens pour ses entreprises ».

2. Le meilleur portrait gravé de Monnet est celui de A. de Saint-Aubin, d'après un dessin de C. N. Cochin, qui figure en tête de ses *Mémoires*, et que M. A. Heulhard a fait reproduire à la première page de son étude.

jouées à cette époque et où leurs noms reparaissent à tout moment:

1759 *Nina et Lindor*, de Davesnes et Duni.

— *L'amant statue*, de Guichard, musique de M. de Lusse remis plus tard en musique par Dalayrac.

— *Les Aveux indiscrets*, de la Ribaudière et Monsigny.

— *Blaise le Savetier*, de Sedaine et Philidor.

1760 — *Le Soldat magicien*, d'Anseaume et Philidor.

— *L'Ile des fous*, d'Anseaume et Duni.

1791 — *Le Cadi dupé*, de Lemonnier, musique de Lemonnier.

— *Le maréchal-ferrant*, de Quétant, musique de Philidor.

— *Le Jardinier et son seigneur*, de Sedaine et Philidor.

— *On ne s'avise jamais de tout*, de Sedaine et Monsigny.

La foule continua donc à se porter à l'Opéra-Comique qui devenait, par les progrès que le genre avait faits, et le talent des nouveaux compositeurs de musique qui alimentaient son répertoire, le théâtre le plus intéressant du jour. La jalousie des autres théâtres s'en accrut, et la Comédie-Italienne voulut battre en brèche cette scène rivale sur son propre terrain en donnant, elle aussi, des comédies à ariettes « en sorte, dit notre confrère d'Auriac, que ce genre de spectacle si longtemps proscrit et persécuté, avait alors deux scènes à Paris. » Mais le public préféra — est-ce par esprit de patriotisme ? — se porter à l'Opéra-Comique français et les Italiens furent de plus en plus négligés ! Ils firent alors une tentative suprême pour sauver leur existence et ils proposèrent à l'Opéra-Comique de se fondre en une seule exploitation et un seul théâtre avec lui. L'Opéra-Comique qui annulait ainsi une concurrence que les circonstances pouvaient rendre de nouveau dangereuse, accepta avec empressement la proposition, et la réunion des deux théâtres et des deux troupes eut lieu au début de l'année 1762.

« Enfin, écrit Favart, au comte de Durazzo, le 12 janvier 1762, enfin voilà le sort de l'Opéra-Comique décidé. La réunion aura son plein et entier effet le 1er février prochain. Plus d'opéras-comiques aux foires, mais sur le Théâtre-Italien pendant toute l'année... »

Le 19 du même mois, Favart raconte au même Durazzo la première soirée de l'ouverture des représentations des deux théâtres ainsi réunis.

« La réunion de l'Opéra-Comique et de la Comédie Italienne s'est faite mercredi dernier... Clairval, Laruette, Audinot, les demoiselles Nessel et Deschamps sont les acteurs incorporés. L'Opéra-Comique a débuté par *Blaise le Savetier* (de Sedaine et

Philidor, opéra déjà cité) et *On ne s'avise jamais de tout* (également cité), précédés de la *Nouvelle troupe*, pièce en un acte du Théâtre-Italien, interprétée par Cailleau. Enfin Clairval a fait un compliment qui roulait sur la réunion... »

Il faut surtout chercher dans Bachaumont l'impression dominante du moment relative à cette réunion des deux théâtres dont l'un l'Opéra-Comique devait si promptement, et définitivement, absorber l'autre. Voici les passages du tome Ier des *Mémoires secrets* qui se rapportent à cette affaire :

13 *Janvier* : Il est toujours question de la réunion de l'Opéra-Comique à la Comédie-Italienne. Cette affaire qui semblerait n'en devoir être une que dans les ruelles, fait une très grande sensation à la cour ; elle y cause des schismes. M. l'archevêque, au grand étonnement de tout Paris, est intervenu sur la scène ; il sollicite vivement la conservation du théâtre de la foire. Les fonds abondants que lui fournit ce spectacle dont il retire le quart pour les pauvres, l'ont porté à cette étrange démarche. On craint bien qu'elle n'ait pas le succès dû au zèle de ce respectable prélat. Malgré ses représentations, ou croit que la réunion aura lieu. Il s'est tenu, à ce sujet, un grand conseil de dépêches, et il faut que cette affaire se termine incessamment. Bien des gens prétendent que la réunion ne peut que contribuer au détriment des deux spectacles, et que c'est un sûr moyen de les faire tomber ; le bon goût n'aura pas à s'en plaindre.

Le 31 janvier, Bachaumont reprend de
nouveau la parole au sujet de la réunion
attendue, mais comme on va le voir, dans
un sens peu favorable à l'Opéra-Comique :

Enfin, après plusieurs conseils de dépêches,
il est décidé que l'Opéra-Comique est supprimé,
que le fond des pièces appartiendra à la Comédie-Italienne, et que ce genre de spectacle sera
subordonné, comme les deux comédies, à l'ins-
pection des gentilshommes de la Chambre...

Bachaumont était médiocre prophète : en
effet nous avons dit plus haut que ce ne
fut pas l'Opéra-Comique qui, finalement, fut
supprimé puisqu'il parvint, en bien peu
d'années à remplacer complètement son
compère la Comédie-Italienne. Il juge également avec peu de faveur les résultats de
la réunion après la première représentation
donnée par les deux troupes confondues :

Jamais, dit-il le 3 février, les Italiens ne
s'étaient vus assiéger par une foule pareille à
celle d'aujourd'hui. C'était une fureur dont il
n'y a pas d'exemple : des flots de curieux se
succédaient sans interruption et débordaient
dans toutes les rues voisines : l'ouverture de
l'Opéra-Comique sur leur théâtre attirait ce
concours prodigieux. Tout était loué depuis
plusieurs jours jusqu'au Paradis. On a commencé par la *Nouvelle troupe*, comédie de
Favart, à la fin de laquelle on a ménagé une
scène qui a amené la réunion des deux spectacles, et un acteur y a harangué le public à
ce sujet et lui a demandé ses bontés. *Blaise le*

savetier a suivi, et l'on a fini par *On ne s'avise jamais de tout*. Le premier n'a pas paru trop déplacé. Le jeu des acteurs occupe mieux le vide du lieu, mais cette gentillesse n'a pas fait le même plaisir qu'à l'ordinaire. On sent facilement qu'il faut d'autres organes et d'autres acteurs pour un local si différent. L'orchestre même s'est trouvé avoir dégénéré. Enfin l'on augure mal de cette jonction.

Enfin, le 28 février, dernière note relative à la constitution du nouvel ordre de choses à l'Opéra-Comique italianisé :

Aujourd'hui que la Comédie-Italienne est à son plus haut degré de faveur et d'illustration, il est essentiel d'établir la position actuelle de ce spectacle. On y compte quinze acteurs, dont trois provenant de l'Opéra-Comique et deux à la pension ; et 13 actrices dont quatre à la pension et deux provenant de l'Opéra-Comique. Dans cette multitude à peine trouvons-nous quelques personnages qui méritent qu'on en parle.

Et Bachaumont cite, avec des commentaires plus ou moins agréables sur leur personnalité ou leur talent, les artistes suivants: Carlin, de Hesse, Rochard, Laruette, Clairval, Audinot, Cailleau, mesdames Favart, Piccinelli, Villette, Neissel, etc... Il traite fort mal, entre autres, madame Favart un peu vieillie il est vrai, à cette époque :

Madame Favart, dit-il, a été longtemps l'héroïne des Italiens apparemment parce qu'elle

n'était pas surpassée par d'autres ; en général
elle est médiocre ; elle a là voix maigre, manque de noblesse, et substitue la finesse à la
naïveté, les grimaces à l'enjouement, enfin l'art
à la nature.

Enfin, il conclut ainsi, toujours au sujet
de cette réunion des deux théâtres qui ne
lui semble pas née viable :

... Tous ces talents, dont aucun n'est parfait,
se rapprochent beaucoup plus du médiocre,
et la fureur avec laquelle on court à ce spectacle, ne pourra jamais faire honneur au siècle.
Les partisans du bon goût espèrent tout du
temps et de l'inconstance des Parisiens.

En dépit de Bachaumont et de ses prédic-
tions malveillantes, la réunion des deux
théâtres tourna d'abord à leur profit commun. En dehors des artistes dont il parle,
la troupe nouvelle fit de promptes et brillantes recrues au nombre desquelles on cite
bientôt mademoiselle Beaupré, Trial, Camerani etc... Mademoiselle Piccinelli obtint un
succès tout particulier. Elle eut d'ailleurs
des aventures, qui attirèrent sur elle l'attention publique. Il est intéressant de citer
à son propos, la piquante lettre suivante de
Favart, écrite à Durazzo le 7 décembre 1762.

Au Comte de Durazzo.

Votre Excellence me demande l'histoire de
mademoiselle Piccinelli : je la rapporte telle
que je l'ai entendu raconter.

Une pauvre villageoise trouva un jour un enfant nouveau-né, exposé au milieu d'un champ. C'était notre signora. La contadina en prit soin par charité, lui donna son lait et l'éleva du mieux qu'elle put jusqu'à l'âge de 8 à 9 ans comme sa propre fille. Une de ces femmes qui cherchent des ressources pour leur fortune, dans la jeunesse et les agréments des personnes de leur sexe passa par hasard dans le village de la bonne nourrice, aperçut la petite, fut frappée de ses grâces naturelles, et proposa une somme assez modique pour l'acheter. Le marché fut passé. Cette troisième mère n'épargna rien pour donner à sa fille adoptive une éducation convenable aux desseins qu'elle avait eus sur elle ; la petite créature en profita au delà de toutes les espérances que l'on avait conçues.

Déjà la matrone bâtit des projets de fortune ; elle fait recevoir son élève au théâtre ; elle s'arrange pour lui procurer un protecteur excellent, mais la nouvelle actrice ne prenant pas goût à ces dispositions s'avisa de faire elle-même un choix qui fut contrarié. Pour avoir la paix, elle planta là sa troisième mère ; elle se mit volontiers sous la protection d'une autre plus complaisante afin de paraître décemment dans le monde. Celle-ci la conduisit à Paris.

Mademoiselle Piccinelli reçue aux Italiens, la renommée publie partout ses succès ; les différentes mères de la cantatrice se rendent auprès d'elle ; chacune la revendique. La première dit : elle est à moi, je lui ai donné la vie. La deuxieme réplique : je la lui ai sauvée, je l'ai nourrie, elle m'appartient. La troisième : je l'ai achetée, je lui ai donné de l'éducation ;

qui peut contester mes droits ? La quatrième
ajoute : elle s'est donnée librement à moi et je
travaille journellement à sa fortune, cela vaut
mieux; si quelqu'une de vous me la dispute, je
lui crève les yeux !

Notre cantatrice, pour les mettre d'accord,
distribue à chacune de ces mères une égale
somme d'argent. Les trois premières se reti-
rent et la dernière reste pour lui servir de conseil. La Piccinelli fatiguée de ces petites tracas-
series de famille, renonce à toutes les mères
du monde pour se mettre sous l'autorité d'un
mari. Elle choisit M. Vézian, frère d'une très
jolie fille que nous avons eue pour figurante
aux Italiens et à laquelle il doit un emploi
considérable. Nouvel incident : prêt à célébrer
le mariage, on découvre que mademoiselle Piccinelli n'a pas été baptisée. On procède préli-
minairement à cette cérémonie. A peine est-elle
achevée que cette dernière maman, qui était
présente, se précipite, les larmes aux yeux,
dans les bras de sa fille putative en s'écriant :
Ah ! ma pauvre enfant, te voilà dans l'état
d'innocence ! Eh pourquoi m'a-t-on baptisée si
tôt ? Si l'on avait attendu jusqu'à présent, je
serais comme toi, aussi blanche que neige !
Oui, messieurs, dit-elle en se tournant vers l'as-
semblée, c'est aujourd'hui que je la reconnais
pour une brave fille, et si quelqu'un veut lui
arracher un cheveu de la tête, il sera regardé
comme un *hérétiche*.

Le lendemain est le jour de la cérémonie
nuptiale. On interroge la future : — Etes-vous
fille ? — Non, monsieur, répond la cantatrice.
— Eh ! pourquoi dis-tu cela? dit la maman en
lui donnant un coup de coude. — Eh mais

vous savez bien que j'ai un enfant ! — Qu'est-
ce que ça fait ? en es-tu moins fille pour cela ? Oui, monsieur, dit-elle au prêtre en le ti-
rant un peu à l'écart, il est vrai que cette mal-
heureuse a fait un enfant; je ne sais pas comment ça s'est fait.—Comment vous ne savez pas ?
Ne dites pas ça si haut, prenez donc garde. —
Eh vraiment, j'y ai pris garde aussi, car je suis
une honnête femme quoique ça ne paraisse
pas; mais faut vous dire vrai, mon cher monsieur; il est venu un jeune homme nous voir,
je ne les ai laissés ensemble qu'un pauvre clin
d'œil, je n'ai eu que le temps de descendre et
monter; ne v'là-t-il pas que le bigre d'enfant
est bâclé ? Qui est-ce qui dirait ça, non, cher
monsieur ? mais à tous péchés miséricorde. Elle
est bien heureuse d'être baptisée, la coquine.
Elle peut aller maintenant tête levée... Ainsi
vous pouvez la coucher sur votre papier de mariage en qualité de fille, ou de femme, ou de
veuve, comme il vous plaira ; ça n'y fait rien !

Le célébrant eut beaucoup de peine à la faire
taire, et prononça le *Vos conjungo* en riant
sous ses doigts. Je ne sais pas si le mari sera
celui qui rira le dernier !

Je suis, etc...

FAVART.

C'est dans la salle de la rue Mauconseil
qu'eurent lieu d'abord les représentations
des deux théâtres et que furent donnés les
ouvrages nouveaux dont plusieurs sont encore joués de nos jours ; c'est là que Gossec, Grétry, Dalayrac, etc... donnèrent leurs
pièces les plus applaudies ; c'est là aussi que

Monsigny, Philidor, Duni, etc., continuèrent leurs succès par des œuvres nouvelles qui sont également venues jusqu'à nous, et dont nous citerons les principales :

1762. — *Annette et Lubin* de madame Favart et de l'abbé de Voisenon, musique de Blaise. Très grand succès.

— *Le Roi et le Fermier*, de Sedaine et Monsigny .

1763. — *Les deux chasseurs et la laitière,* d'Anseaume, musique de Duni. Le livret était médiocre, mais les ariettes de Duni eurent grand succès.

1764. — *Le Sorcier*, deux actes de Poinsinet et Philidor. Le succès en fut si grand qu'on obligea les deux auteurs à paraître sur la scène, ce qui ne s'était jamais vu, si ce n'est pour Voltaire le jour de *Mérope.*

— *Rose et Colas*, de Sedaine et Monsigny, dont la vogue fut immense. — A été repris de nos jours lors des débuts du ténor Montaubry.

1766. — *Aline, reine de Golconde*, de Sedaine et Monsigny, opéra-ballet dont le succès fut moindre que celui qui devait accueillir, en 1803, l'ouvrage de Berton sur le même sujet.

— *Les Pêcheurs*, un acte du marquis de la Salle, musique de Gossec, son premier et son meilleur ouvrage.

— *La Clochette*, d'Anseaume, musique de Duni.

1768 — *Le Huron*, deux actes, paroles de Marmontel, musique de Grétry. C'est le premier ouvrage de ce délicieux compositeur. Il fut chanté par Laruette, Caillot, Clairval et madame Laruette. Grétry a raconté lui-même, avec détails, l'histoire de cet opéra-comique qui commença sa réputation [1].

— *Les Sabots*, un acte de Sedaine, musique de Duni, joli ouvrage qui a été remis à l'Opéra-Comique en 1866.

1769. — *Lucile*, paroles de Marmontel, musique de Grétry. C'est dans cet ouvrage que se trouve un quatuor, dont le succès fut immense et dont le premier vers est devenu célèbre et a passé en proverbe :

Où peut-on être mieux qu'au sein de sa famille ?

« Ce morceau de musique, dit Grétry, dans ses *Mémoires* précités, a servi depuis qu'il est connu, pour consacrer les fêtes de famille. Un jeune homme aperçut à la première représentation monseigneur le duc d'Orléans essuyant ses yeux pendant ce quatuor. Il se présente le lendemain avec confiance au prince qu'il ne connaissait pas :

— Monseigneur, dit-il en se jetant à ses genoux, j'ai vu pleurer V. A. hier au quatuor de *Lucile*. J'aime éperdument une de-

1. Voyez *Mémoires ou Essai sur la musique*, par M. Grétry, chez l'auteur, et chez Prault, Desœr, etc. un vol. in-8. Paris et Liège, 1789.

moiselle qui appartient à un gentilhomme
de votre maison ; il refuse de nous unir
parce que ma fortune ne répond pas à la
sienne, et j'implore votre protection.

Ce bon prince lui promit de s'instruire
de l'état des choses et le mariage fut fait
peu de temps après... »

— *Le Déserteur*, trois actes de Sedaine,
musique de Monsigny, est le meilleur ouvrage de ce compositeur. Le succès en fut
éclatant et durable. Il s'est prolongé jusqu'à nos jours. La partition de Monsigny,
réorchestrée par Ad. Adam, a été reprise à
l'Opéra-Comique le 30 octobre 1843 et elle
est, depuis, toujours demeurée au répertoire.

— *Le Tableau parlant*, d'Anseaume et
Grétry, avec Clairval et madame Laruette
dans les rôles de Pierrot et de Colombine.
Grand succès. Cet ouvrage est encore aujourd'hui au répertoire.

1771. — *Zémir et Azor*, quatre actes de
Marmontel, musique de Grétry. Succès considérable ; c'est l'un des meilleurs ouvrages de Grétry. Il a été repris plusieurs
fois à l'Opéra-Comique, et remanié, au point
de vue de l'orchestration par Ad. Adam.
Clairval créa le rôle d'Azor qui a été chanté
depuis, aux diverses époques de la reprise
du charmant ouvrage de Grétry, par Elleviou, Ponchard père, puis enfin Jourdan.
En 1832 le livret fut remanié par Scribe et

réduit à deux actes, mais à la reprise de 1845 il fut rétabli en quatre actes.

1773. — *Le Magnifique*, de Sedaine et Grétry. « Ce ne fut pas, dit Grétry lui-même, un succès éclatant, mais seulement ce qu'on appelle un succès d'estime... »

1775. — *La fausse magie*, livret des plus médiocres de Marmontel, musique de Grétry. Succès incertain, hormis cependant pour le premier acte « qui est peut-être, dit Grétry, ce qu'il y a de plus estimable dans mes ouvrages. » L'ouvrage modifié en 1776, a été repris plus tard, en 1828 et 1863.

1777. — *Félix ou l'enfant trouvé*, paroles de Sedaine musique de Monsigny, et son dernier ouvrage. Il fut mal accueilli du public; dans son dépit Monsigny ne voulut plus écrire, et il se tint parole; il n'avait que 48 ans. *Félix* se releva cependant un peu plus tard et fut repris plusieurs fois, notamment de nos jours en 1847. Le rôle de Félix fut créé par Clairval et repris dans la suite par Elleviou. Madame Dugazon, dont la réputation commençait, créa le principal personnage de femme.

1780. — *Aucassin et Nicolette*, paroles de Sedaine, musique de Grétry est l'un de ses plus faibles ouvrages. Madame Dugazon lui donna quelque relief par sa grâce et son talent, mais malgré des modifications introduites après coup, il ne put se maintenir au répertoire.

1783. — *Blaise et Babet*, deux actes de Monvel, musique de Dezède, est le plus célèbre ouvrage de ce compositeur distingué, mais discret et peu populaire. Le succès en fut très grand : le chanteur Michu et madame Dugazon y furent particulièrement remarqués et applaudis.

Cette dernière pièce, donnée le 4 avril, clôtura la série des représentations de l'Opéra-Comique à la salle de la rue Mauconseil, qui était depuis longtemps devenue insuffisante. « L'importance chaque jour croissante de l'Opéra-Comique, dit A. Thurner en rendait la nécessité tout à fait impérieuse. » L'un des plus féconds producteurs de vaudevilles, de Piis, résuma en quatrains les espérances que faisait naître l'annonce d'une nouvelle salle. On pourra s'imaginer par cette légère satire à quel *confort,* à quelles douceurs nos pères étaient réduits, lorsqu'ils se rendaient au spectacle :

D'abord chaque loge en sera
    Si drôlement vernie,
Que toute femme y paraîtra
    A trente ans rajeunie,
Ah ! comme nous verrons tout cela
    Si Dieu nous prête vie !...

Au balcon l'on affichera
    Décence et modestie,
Et surtout l'on n'y siègera
    Qu'en grande cérémonie,
Ah ! etc.,

Du parterre où l'on s'assoiera
En bonne compagnie
Jamais sifflet ne partira
Pour troubler l'harmonie,
Ah!... etc.

Chaque danseuse y brillera
Sans jupe raccourcie,
Et sans faux pas le soir ira
Dans sa chambre garnie.
Ah!... etc.

Quand le foyer s'échauffera
Sur la pièce applaudie,
Les pompiers seront toujours là
De crainte d'incendie.
Ah! etc...

Enfin quand on défilera
S'il survient de la pluie,
Mon pauvre fiacre avancera
Tout près de la sortie.
Ah!... etc.

Une partie des jardins de l'hôtel Choiseul fut affectée au nouvel emplacement du théâtre. La Comédie-Italienne (unie à l'Opéra-Comique) définitivement érigée entre les rues Favart et Marivaux, en deçà du boulevard fut inaugurée le 23 avril 1783. « Ajoutons que ce boulevard prit, par suite, et en raison de cette circonstance, le nom de boulevard des Italiens, qu'il porte encore aujourd'hui, et enfin que l'Opéra-Comique, après beaucoup de transformations, de remaniements

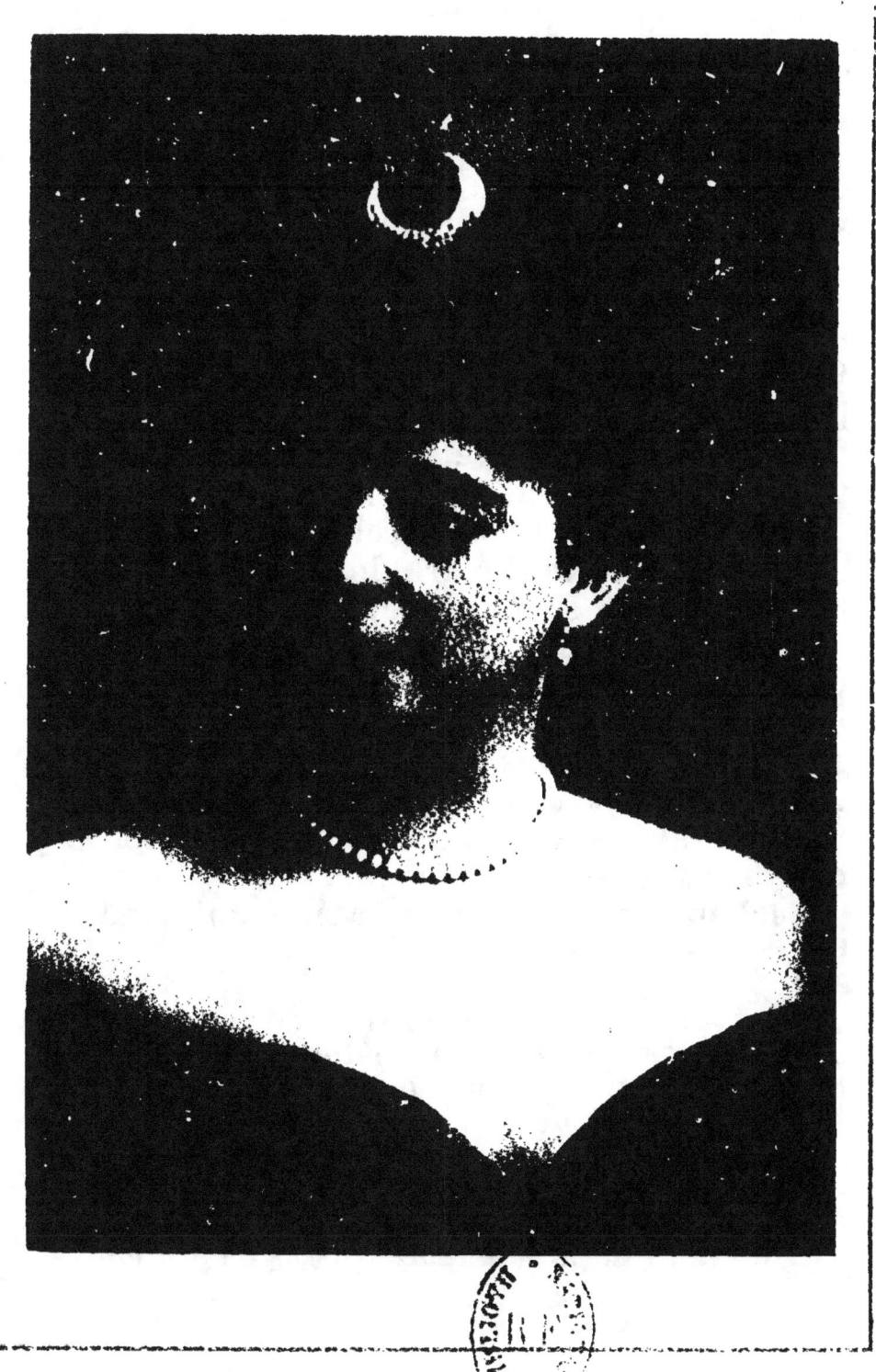

TRESSE & STOCK, éditeurs.   Paris

et de perfectionnements, est toujours installé dans cette même salle.

C'est à dater de cette époque que l'Opéra-
Comique commença à montrer de véritables
velléités d'indépendance, et qu'il se débar-
rassa peu à peu, insensiblement d'abord,
puis brusquement ensuite de ses associés de
la Comédie-Italienne. La Révolution n'é-
tait pas loin d'ailleurs, et lorsqu'elle éclata,
la liberté des théâtres survenant, la scission
fut bien vite définitive.] En effet le nouveau
théâtre qui porta d'abord le titre de *Théâtre-Italien*, prit ensuite celui de Favart,
et devint enfin le théâtre de l'Opéra-Comique national, sous la république. Alors
les artistes italiens avaient tout à fait disparu. Le boulevard, qui garde encore actuellement leur nom, conserve seul leur
souvenir aux portes mêmes de ce théâtre
charmant dont ils contribuèrent puissamment, il faut le reconnaître, à assurer la longue durée et la haute fortune.

Bachaumont donne d'intéressants détails sur la nouvelle salle :

27 avril. — La nouvelle salle de la Comédie-Italienne présente un bâtiment isolé sur
trois faces ; la principale donne au midi sur
une place et les deux autres sur les nouvelles
rues de Favart et de Marivaux ; il y a aussi
une rue de Grétry, honneur distingué accordé
à ce musicien.

L'intérieur de la salle paraît assez bien... elle

4

est extrêmement dorée et peut-être trop.
Les clabauderies élevées contre le parterre as-
sis des Français ont fait qu'on sera debout à
celui des Italiens. Par un nouveau règlement
on ne laissera placer à l'orchestre personne
dont la coiffure ou le vêtement pourrait gêner
la vue des spectateurs. Il y a trois rangs de loges seulement, les premières et les secondes
consacrés au public ; les autres seront à l'année.

Le total des spectateurs peut monter à 1830
savoir :

	Places	Prix	Total
Orchestre	200 —	6 —	1200
Balcon	36 —	6 —	216
Amphithéâtre	80 —	6 —	480
Premières Loges	168 —	6 —	1008
Deuxièmes Loges	120 —	3 —	360
Galerie tournante au 4°	136 —	1, 16 —	244
Parterre	650 —	1, 4 —	780
	1309		4288

Les petites loges donnent environ 540 places.

L'année suivante, le lieutenant de police
Lenoir adresse aux comédiens italiens
et français réunis le curieux avertissement
qui suit, et qui serait encore d'actualité de
nos jours :

A Paris, le 6 janvier 1784.

Malgré l'avertissement porté dans le journal
de Paris, au moment de l'ouverture du Théâtre-Italien, Messieurs, et même des défenses

qui ont été faites depuis, on voit journellement
à l'orchestre des femmes dont les coiffures et
chapeaux chargés de plumes, de rubans et de
fleurs, et d'une étendue considérable, intercep-
tant la vue des spectateurs au parterre, donnent lieu à des plaintes qu'il importe de faire
cesser promptement : vous voudrez donc bien
dorénavant faire refuser l'entrée de l'orchestre
à toutes celles qui contreviendront aux défenses qu'elles ne peuvent méconnaître et dont
plusieurs ont reçu nouvel avertissement il y a
plus de quinze jours : pour éviter tout ennui,
vous aurez soin de les faire prévenir encore ;
mais dès à présent bien informé que la consi-
gne ait été donnée à la garde française et que
j'ai de mon côté donné des ordres à l'officier
de police, vous voudrez bien y faire tenir la
main et ordonner aux personnes chargées d'ouvrir les portes de l'orchestre de ne laisser entrer que les femmes dont les coiffures ne gê-
neront aucunement la vue des spectateurs
autrement qu'elles seront renvoyées, de manière qu'elles ne puissent nuire au coup d'œil
du spectacle ; vous devez savoir qu'à l'Opéra
on ne souffre dans l'amphithéâtre aucun cha-
peau ni grands bonnets, et qu'à la Comédie-
Française il n'entre aucune femme dans l'orchestre ; il faudra recourir à un pareil moyen
si on ne parvient pas autrement à faire cesser
un abus dont le public se plaint avec raison.

Je suis aussi instruit que, par suite des billets qui se distribuent aux acteurs et actrices,
danseurs et danseuses, il s'en fait un trafic par
les mains de domestiques savoyards et par
l'entremise des garçons de café à qui on les
donne en paiement et qui les revendent. Ces

lanœuvres sont honteuses et sûrement désap-
rouvées : peut-être pour y mettre ordre serait-
l nécessaire de faire cesser l'usage de donner
haque jour des billets aux acteurs, actrices,
tc... Mais auparavant d'employer de tels
noyens que je croirai nécessaires je désire que
ous me proposiez très incessamment ceux que
ous croirez plus capables de réprimer un
areil désordre.

Je suis, monsieur, entièrement à vous.

LENOIR.

Avant de rester définitivement dans la
salle ainsi inaugurée, l'Opéra-Comique devait avoir encore diverses résidences et
passer par des péripéties que nous résu-
merons rapidement :

L'Opéra-Comique donna ses représentations à la salle Favart jusqu'en 1797, époque à laquelle des réparations urgentes l'o-
bligèrent à émigrer à la salle Feydeau
qui fut plus tard le théâtre des Nouveautés
devenu ensuite le théâtre du Vaudeville,
aujourd'hui disparu et transporté sur le
boulevard, au coin de la rue de la Chaussée
d'Antin. Ce théâtre était alors situé rue
Feydeau n° 19. Il avait été édifié en 1789
pour une troupe lyrique italienne par les
architectes Legrand et Molinos, et jusqu'à la
chute de la royauté, il porta le nom du
futur Louis XVIII, alors comte de Pro-
vence : *Théâtre de Monsieur* [1].

1. C'est l'embryon du futur théâtre Italien que nous

Mais bientôt il y eut scission dans la troupe de l'Opéra-Comique dont une moitié continua ses représentations à l'ancienne salle Favart réparée, pendant que l'autre restait à la salle Feydeau. Enfin, en 1801, les deux troupes rivales trouvèrent plus profitable à leurs intérêts de fusionner, et elles se réunirent en société commerciale pour l'exploitation du théâtre Feydeau, (12 avril 1801). Les premiers sociétaires furent Martin, Elleviou, Gavaudan, Juliet, Solié, Le Sage, Dozainville, Philippe, Saint-Aubin ; mesdames Dugazon, Scio, Saint-Aubin, Le Sage, Gaveaux, Gonthier, Gavaudan et Desbrosses. Le 16 septembre de la même année, la société prit le titre officiel de *Théâtre de l'Opéra-Comique*, et, un peu plus tard, quand l'Empire eut été proclamé, ses artistes devinrent, par ordre, *Comédiens ordinaires de l'Empereur*.

La salle Feydeau abrita l'Opéra-Comique jusqu'au 16 avril 1829 et fut démolie l'année suivante pour cause de vétusté. La troupe de l'Opéra-Comique retourna alors à la salle Favart d'où un incendie la chassa momentanément en 1838. Réédifiée de nouveau sur les plans de l'architecte Carpentier, elle fut inaugurée le 16 mai 1840 par une

avons connu si longtemps et si brillant à la salle Ventadour, et qui, après un infructueux essai de restauration entrepris au théâtre lyrique de la place du Châtelet, vient encore une fois de sombrer (janvier 1885).

brillante reprise du *Pré aux Clercs*, et, depuis cette époque, l'opéra-comique y est toujours resté. C'est une des plus jolies salles de Paris. Elle contient environ 1800 places, et a été l'objet de fréquentes restaurations intérieures qui l'ont rendue successivement plus confortable et plus luxueuse. Il est seulement à regretter qu'elle n'ait pas sa façade d'entrée sur le boulevard ; mais il existe depuis longtemps un projet, qui a pour but de la lui donner, et dont des questions budgétaires seules ont, jusqu'à ce jour, retardé la réalisation.

L'année même, qui suivit l'ouverture de la nouvelle salle, fut illustrée par deux chefs-d'œuvre de Grétry, *l'Epreuve villageoise* (24 juin 1784) et *Richard Cœur de lion*, représenté le 21 octobre suivant. On a repris souvent *l'Epreuve villageoise*, et on la joue encore de nos jours avec une orchestration nouvelle d'Auber. Mais c'est surtout *Richard Cœur de lion* qui s'est toujours maintenu au répertoire avec une instrumentation également nouvelle d'Ad. Adam. On jouait à la fois ce charmant ouvrage à l'Opéra-Comique et au Théâtre-Lyrique, il y a une quinzaine d'années, alors que le Théâtre-Lyrique existait encore (boulevard du Temple puis place du Châtelet). Ce succès fut considérable lors de la création de la pièce : « il paraît, dit Grétry lui-même dans ses *Mémoires*, que cent représentations, toujours avec la même

affluence, suffiront à peine à l'empressement du public. »

Deux ans plus tard, Dalayrac donne son
opéra si célèbre, *Nina ou la folle par amour*
(5 mai 1786). Le succès en fut énorme, et
les mémoires du temps rapportent que madame Dugazon jouait le rôle de Nina d'une
manière si déchirante que plusieurs femmes, dit-on, eurent des attaques de
nerfs [1].

Ici s'arrête, en quelque sorte, la première période musicale de l'Opéra-Comique. Notre érudit et regretté confrère,
Félix Clément a très heureusement établi,
en quelques lignes, la division des genres
qui ont successivement enrichi son répertoire. « Nous diviserons volontiers ce répertoire, dit-il, en trois époques distinctes à
cause du caractère des ouvrages qui ont
exercé une influence sur l'ensemble des
productions des compositeurs. Ainsi de
1757 à 1770, Duni, Philidor et Monsigny
occupent la scène; de 1770 à 1791, Grétry,
Dezède et Dalayrac déploient leur génie,
leur grâce ou leur sentiment dans des si-
tuations plus variées et plus émouvantes
que celles traitées par leurs prédécesseurs.
Enfin de 1791 à 1812, Kreutzer, Cherubini,
Méhul élargissent encore le cadre de l'œuvre

1. Voyez *Dictionnaire lyrique ou histoire des opéras*,
par F. Clément et P. Larousse, un volume grand in-8°,
chez A. Boyer, Paris, sans date d'édition.

lyrique, et lui donnent des développements magnifiques mais excessifs. C'est à eux que s'arrête le mouvement progressif de l'ancien répertoire. » Nicolo et Boieldieu, puis Hérold, Auber, Adam, Halévy, Massé, reprennent un peu le genre primitif et plus simple de l'Opéra-Comique pur : tandis que, Meyerbeer, Gounod, Massenet, et quelques autres novateurs, introduisent des formules plus larges, plus grandioses, d'une plus haute portée lyrique, mais qui dénaturent peut-être le genre lui-même qui a fait la fortune de l'Opéra-Comique.

A partir de la Révolution, d'ailleurs, l'Opéra-Comique n'a plus d'histoire que dans la nomenclature même des œuvres nouvelles représentées. En 1791, le 15 janvier, Kreutzer donne son opéra *Paul et Virginie*, dont le succès musical est considérable. C'est la première fois que la couleur locale est observée avec une aussi grande et aussi vive intensité.

Le 10 mars suivant, *Camille ou le Souterrain* de Dalayrac; le 18 juillet, *Lodoïska* de Cherubini; le 3 mai 1792, *Stratonice* de Méhul, trois grands succès longtemps prolongés.

Le 7 juillet 1792, Devienne fait représenter son meilleur ouvrage, *les Visitandines*, dont la vogue est immense et qu'on a repris de nos jours, avec une orchestration nouvelle, à l'ancien Théâtre-Lyrique.

Le 16 juin 1793, Lesueur apparaît avec sa fameuse *Caverne* qui est aussi son meilleur ouvrage. Deux ans plus tard, le 4 décembre 1795, Méhul fit représenter un opéra-comique sur le même livret, mais le succès en fut inférieur.

Le 5 septembre 1795, joli succès du premier opéra de Boieldieu *la Dot de Suzette*, paroles de Fiévée, (où madame Saint-Aubin est tout à fait charmante).

Le 1er mai 1797, *le Jeune Henri* de Méhul, dont l'ouverture seule — un chef-d'œuvre — est venue jusqu'à nous.

Le 26 septembre 1798, *l'Enlèvement au Sérail*, de Mozart ; le 10 février 1799, *Adolphe et Clara*, de Dalayrac, et le 15 avril suivant, *Montano et Stéphanie*, de Berton. Vogue immense de ces trois chefs-d'œuvre.

Le XIXᵉ siècle débute à l'Opéra-Comique par un joli ouvrage de Dalayrac, *Maison à vendre* (23 oct. 1800). L'année suivante voit naître *l'Irato* de Méhul (17 février) et *le Calife de Bagdad* (16 sept. 1801). Puis viennent successivement une série d'œuvres charmantes dont beaucoup sont toujours demeurées au répertoire : *Ma Tante Aurore*, de Boieldieu, *Picaros et Diego* de Dalayrac, *Aline reine de Golconde* de Berton, *Joseph* de Méhul, *les Rendez-vous bourgeois* de Nicolo : *Cendrillon* du même ; *Jean de Paris, le Nouveau Seigneur du village ; la Fête du Village voisin*, trois chefs-d'œuvre de

Boieldieu, *Joconde* et *Jeannot et Colin* de Nicolo, *la Clochette* d'Hérold ; *le Petit Chaperon Rouge* et *les Voitures versées* de Boieldieu ; enfin le 27 juillet 1820, *la Bergère châtelaine*, qui commence la longue et triomphante série des ouvrages d'Auber à l'Opéra-Comique. C'est le troisième qu'il y ait donné. Les deux premiers, *le Séjour militaire* (1813) et *le Testament ou les billets doux* (1819) n'avaient pas réussi.

Le Maître de Chapelle de Paër, dont le premier acte seul a survécu, est de 1821. Puis viennent *le Muletier*, d'Hérold, *le Concert à la Cour* et *le Maçon* d'Auber, et enfin le 10 décembre 1825, *la Dame Blanche* de Boieldieu, dont la millième représentation a été donnée en 1864.

Marie, ce doux et poétique chef-d'œuvre d'Hérold, est de 1826 ; *la Fiancée* d'Auber, de 1829, et *Fra Diavolo*, du même, de 1830.

Hérold donne en deux années successives — 1831 et 1832 — ses deux chefs-d'œuvre, *Zampa* et *le Pré aux Clercs*, et le 25 septembre 1834, Ad. Adam fait jouer son meilleur ouvrage *le Châlet*, qui a depuis longtemps dépassé sa millième représentation. D'ailleurs toute la période, qui va jusqu'à la Révolution de 1848, est glorieusement marquée par des œuvres de haute valeur devenues depuis populaires, et dont la plupart sont demeurées au répertoire : en 1835, *le Cheval de bronze* d'Auber, *les*

Deux Reines de Monpou, et l'*Eclair* d'Halévy (Chollet créateur ; Roger en 1847). Le *Postillon de Longjumeau* et l'*Ambassadrice* sont de 1836 ; *le Domino noir* (Roger et madame Damoreau) de 1837 ; *le Brasseur de Preston* de l'année suivante. *La Fille du Régiment*, est jouée en 1840, et *les Diamants de la Couronne* avec mesdames Thillon et Darcier en 1841. *La Part du Diable, la Sirène, les Mousquetaires de la Reine*, sont des trois années suivantes ; enfin *Haydée* le dernier grand succès de Roger à l'Opéra-Comique est de 1847.

L'Opéra-Comique se ressentit, comme les autres théâtres, des premiers effets de la Révolution de 1848 ; les révolutions, en effet, ne sont favorables à personne, et moins encore aux directeurs de théâtres, et à leurs entreprises qu'à tout autre genre d'affaires. Les premiers temps furent durs, et on joua bien souvent devant des salles vides. C'est cependant en 1848 que furent données deux œuvres charmantes : *Gilles le Ravisseur*, d'Albert Grisar, avec Mocker, Sainte-Foy et mademoiselle Lemercier, et *le Val d'Andorre* avec Bataille, Audran et mademoiselle Darcier.

L'année suivante compte à son actif trois grands succès dont madame Ugalde est la principale interprète : *Le Caïd, le Toréador* et *les Monténégrins*. L'année 1850 n'est pas moins féconde et voit naître coup sur coup les *Porcherons* (mademoiselle Darcier), *le Songe d'une nuit d'été,* (mesdames Lefebvre et Grimm, puis madame Ugalde), *Giralda* avec les éclatants débuts de mademoiselle Miolan, qui est devenue madame Carvalho, et *la Chanteuse voilée*, premier ouvrage de Victor Massé. *Bonsoir, monsieur Pantalon,* spirituelle farce musicale, est de 1851. L'Empire est proclamé quand on joue *Galatée* (madame Ugalde) et le brillant opéra de Reber, *le Père Gaillard* qu'on a bien tort de ne pas remettre à la scène (1852). En 1853, nous avons les *Noces de Jeannette* chef-d'œuvre de Massé ; en 1854, *l'Etoile du Nord*, première tentative d'acclimatation de Meyerbeer à l'Opéra-Comique (mademoiselle Caroline Duprez), puis *Psyché,* d'Ambroise Thomas en 1857 ; *le Pardon de Ploërmel*, de Meyerbeer en 1859, avec Faure et madame Marie Cabel, *Lalla Rouck* de F. David, un pur chef-d'œuvre, en 1862 avec le ténor Montaubry et mademoiselle Cico ; *Lara* de Maillart en 1866, et enfin *Mignon* d'A. Thomas, en 1867 avec Galli-Marié. Les représentations de cet ouvrage se chiffrent aujourd'hui par plusieurs centaines. En 1868, Auber donne son *Premier jour de bonheur,* ouvrage un peu sénile, mais où l'on retrouve encore quelques passages pleins de grâce et de fraîcheur qui rappellent les meilleures inspirations du maître. Semet fait jouer sa *Petite Fadette,* en 1869. L'*Ombre* de Flotow est de 1870 ; *Don César de Bazan* de Massenet, de 1872, et *Le Roi l'a dit* de Delibes, de 1873. L'année suivante, reprise de *Mireille*, le touchant opéra de Gounod, joué d'abord au Théâtre-Lyrique ; puis, en 1875, *Carmen*, chef-d'œuvre du regretté Bizet dont la deux centième représentation a eu lieu en janvier 1885; l'année 1876 se signale par la reprise des *Dragons de Villars*; en 1878 on donne la 1200° représentation du *Pré aux Clercs*. *Jean de Nivelle* de Delibes est de 1880 ; *les Contes d'Hoffmann*, le meilleur opéra-comique d'Offenbach est de février 1881 ; enfin *Lakmé* de Delibes est joué en 1883 et *Manon* de Massenet en 1884. C'est le dernier ouvrage important représenté à l'Opéra-Comique au moment où nous écrivons.

Tous ces ouvrages, et bien d'autres que nous ne citons pas en raison de leur valeur moindre et même de l'oubli où ils sont définitivement tombés, ont mis en lumière une grande quantité d'artistes dont plusieurs ont été illustres. Nous citerons leurs noms dans l'ordre chronologique, laissant également de côté ceux dont la notoriété n'a pas survécu. Notre liste ne mentionne pas non plus les artistes des premières années du théâtre, que nous avons donnés d'ailleurs au fur et à mesure dans notre récit, et elle ne commence guère sa nomenclature qu'à

dater de ce siècle. Et d'abord citons Elleviou
et Martin qui ont été les deux gloires de
Feydeau ; citons en même temps Chenard
qui avait d'abord débuté à l'Opéra en 1782,
et qui avait une voix de basse admirable.
Elleviou quitta le théâtre en 1813 à l'âge
de quarante-quatre ans après vingt-trois
ans de service ; il ne mourut que le 5 mai
1842, maire de sa commune, décoré, et
âgé de soixante-treize ans. Martin, merveilleux baryton, débuta en 1788 à Feydeau et
se retira une première fois en 1823 après
trente-cinq années de services non in-
terrompues. Il reparut momentanément
en 1826, puis en 1834. Il mourut en 1837
à soixante-huit ans. Puis viennent Gaveaux, Juliet, Baptiste, Gavaudan, Solié,
Saint-Aubin, le célèbre ténor Ponchard,
qui crée *la Dame Blanche*, et dont le
fils est encore à l'Opéra - Comique
comme directeur de la scène, après avoir
joué et chanté longtemps lui-même avec
beaucoup d'élégance et de distinction ; Fe-
réol, Vizentini, Henri, l'illustre Chollet, qui
vit encore, et qui eut l'honneur de créer
avec tant de succès *Fra Diavolo*, *Zampa* et
le Postillon de Longjumeau. Révial, Inchindi,
Couderc, plus comédien que chanteur, Ric-
quier, Mocker, dont la voix était si distinguée et si sympathique, le brillant ténor
Masset, Marié, qui passa à l'Opéra et dont
la famille a également excellé dans les arts,

Sainte-Foy, Audran, Hermann-Léon, Jourdan, Bataille, le créateur du *Val d'Andorre* et de *l'Étoile du Nord*; le célèbre Roger, ténor éminent qui créa les plus illustres ouvrages de son temps et qui eut le grand et l'irréparable tort de quitter l'Opéra-Comique pour l'Opéra; Meillet, Faure, baryton merveilleux que l'académie de musique accapara le plus vite qu'elle put, Montaubry, ténor dont les débuts furent éclatants, mais l'éclat peu durable; Léon Achard, le charmant Capoul, le séduisant Bouhy, Melchissédec, Gailhard, ces trois derniers passés depuis à l'Opéra que l'un d'eux, M. Gailhard dirige même actuellement avec les souhaits sympathiques de tout le monde pour sa lourde et vaillante entreprise.

J'arrive aux artistes dames dont quelques-unes ont également brillé d'un très vif éclat, et je cite tout d'abord mesdames Saint-Aubin, Dugazon, Gavaudan, Scio, Rolandeau, Pradher (d'abord mademoiselle More) qui était, nous dit Alph. Royer dans son *Histoire du Théâtre contemporain* (2 vol. in-8°, chez P. Ollendorff) « la plus jolie femme de Feydeau; » Boulanger, à la fois cantatrice et actrice; Rigaut, Prévòt, Casimir, créatrice du *Pré aux Clercs*, Damoreau dont la réputation a successivement attiré le public à l'Opéra-Comique et à l'Opéra; l'adorable Jenny Colon, Rossi, Potier, Borghèse; la charmante madame Darcier, Anna

Thillon, Lemercier, Charton qui est devenue madame Demeur, et qui a créé *les Troyens* de Berlioz au Théâtre-Lyrique, Lavoye, Ugalde, l'une des plus éclatantes cantatrices de l'Opéra-Comique, qui se survit aujourd'hui dans sa fille ; Marie-Cabel vocaliste brillante et hardie, la gracieuse Lefebvre, qui est devenue madame Faure, Caroline Duprez et Félix-Miolan, les deux plus brillantes élèves de l'illustre ténor Duprez, Boulart, Cico, Chapuy, Breton, et enfin mademoiselle Adèle Isaac dont le talent sûr, distingué et précis fait aujourd'hui les délices de l'Opéra. Nous parlerons plus loin des artistes qui font actuellement le grand succès de l'Opéra-Comique sous l'habile direction de M Carvalho.

Au commencement de ce siècle l'Opéra-Comique était constitué en société, comme l'est aujourd'hui la Comédie-Française. En 1801, Camerani, Rézicourt, Chenard, Elleviou et Martin, composaient le comité administratif. En 1824, la société existe encore, mais elle périclite déjà : elle se composait alors de Martin, Huet, Dazancourt, Ponchard, Lemonnier, Vizentini ; mesdames Desbrosses, Belmont, Lemonnier, Boulanger, Paul, Rigaut, Pradher. A cette même époque, le chef d'orchestre était Frédéric Kreubé qui avait pour sous-chef Habeneck.

Cependant la société était à ce moment

de plus en plus en désarroi et le désordre et le mécontentement dans les rangs des sociétaires. De 1818 à 1821, on n'avait pas fait beaucoup plus de 600,000 francs de recettes en moyenne et on était endetté au delà de toute mesure. Aussi, en 1825, les artistes réunis demandèrent-ils au gouvernement un directeur, comme jadis les grenouilles sollicitèrent un roi ! Le gouvernement accepte et le fameux dramaturge Guilbert de Pixérécourt (né en 1773 — mort en 1844) est nommé directeur; mais, moins de deux ans après son installation, les sociétaires se plaignent déjà de son omnipotence. « Ils écrivent au duc d'Aumont, nous dit Alph. Royer, dans son ouvrage déjà cité, et dans les termes suivants : « Le marquis de Lauriston nous avait dit : C'est un tuteur que l'on vous donne, et non pas un maître. Mais cependant, jusqu'à ce jour, le contraire est arrivé, car c'est un maître qui nous régit. »

« Pixérécourt, continue Alph. Royer, avait pourtant fait monter les recettes ; celle de 1826 passe 900,000 francs, sans compter la subvention royale. Le directeur touchait, en outre de ses appointements, 2 0/0 sur les recettes au-dessus de 500,000 francs. Une liasse des archives nationales contient des documents très curieux sur les *dépenses secrètes* dont le directeur ne doit compte qu'au ministre. Ce chapitre s'élève, pour

1826, à 30,764 francs ; on y voit les rétri-
butions pécuniaires avec les noms des parties prenantes, les factures acquittées, des
cadeaux d'orfévrerie distribués aux personnes influentes et aux artistes sociétaires dont on veut gagner les bonnes grâces.
Le directeur diplomate envoie pour étren-
nes une toilette de 380 fr. à madame Pradher, une pendule de 340 fr. à madame Rigaut, un déjeuner de 300 fr. à Ponchard,
une boîte d'or de 550 fr. à Gavaudan. Un critique intègre écrit à Pixérécourt « : Mon cher ami, je préfère les ac-
tions aux paroles, et vous pouvez compter
sur l'intérêt que je dois porter à un théâtre aussi essentiellement français que celui
de Feydeau... » Et en note, au bas de la
lettre de la main du directeur : « réponse
à un envoi de la somme de... [1] »

Le gouvernement accueillit la réclamation
des sociétaires et M. de Pixérécourt fut ren-
voyé à ses travaux habituels. Son départ
(1827) ne rendit pas la prospérité à l'Opéra-
Comique, et bientôt la société, faisant des
affaires de plus en plus mauvaises, crut bien
agir en cédant l'exploitation du théâtre à
un nommé Ducis qui s'adjoignit le librettiste
Saint-Georges pour auxiliaire (12 août 1828).
De ce jour, jusqu'en 1834, époque à laquelle

---

1. « Je ne cite pas de nom, ajoute Alph. Royer. Les curieux
peuvent consulter la liasse des archives nationales. » (Théâtres royaux — Opéra-Comique — Carton O.)

le régime sociétaire disparut, la direction
du théâtre passa par bien des difficultés et
même par bien des directeurs qui ne par-
vinrent qu'à continuer et à accentuer le dé-
ficit. Boursault [1], puis Singier prirent successivement les rênes de l'administration,
Lubbert, le célèbre Lubbert, directeur de
l'Opéra où il eut la gloire de monter *Guil-
laume Tell*, devint à son tour, momentanément, directeur de l'Opéra-Comique. Il n'y
réussit pas mieux que ses prédécesseurs et
s'en alla en Egypte, où il se fit naturaliser
musulman et où il mourut en 1859 [2]. Paul
Dutreich lui succéda (1831), toujours comme
directeur au nom de la société, mais les
choses allant sans cesse en empirant, il
fallut prendre un parti radical et définitif,
c'est-à-dire liquider la société elle-même et
en venir à la mise en main d'un directeur
responsable du théâtre et des artistes. Cette
modification eut lieu en 1834, et à dater de
ce jour, l'Opéra-Comique a eu à sa tête un
directeur installé à ses risques et périls.

Le premier a été M. Crosnier (de 1834 à
1845) qui fut ensuite directeur de l'Opéra,
puis député, et qui est mort en 1868 à l'âge
de 76 ans. Il releva réellement l'Opéra-Comique, et eut la chance de tomber sur de

1. Boursault-Malherbe, acteur, auteur, amateur, fai-
seur d'affaires, etc. (1752-1842).
2. Voir à son sujet les *Mémoires littéraires* de Maxime
Du Camp.

bons ouvrages aussi bien que sur d'excellents artistes. Son successeur, l'auteur dramatique André-Alexandre Basset, continua cette fructueuse veine que vint malheureusement interrompre la révolution de février 1848. C'est à ce moment que M. Emile Perrin, connu déjà comme peintre distingué, fut nommé une première fois directeur de l'Opéra-Comique.

On sait combien cette première direction fut glorieuse, au point de vue artistique, aussi bien que profitable aux intérêts financiers du théâtre; elle s'est prolongée jusqu'au 4 novembre 1857. Son successeur M. Beaumont laissa décroître la prospérité du théâtre, et M. Perrin revint de nouveau, le 27 janvier 1862; mais avant la fin même de cette dernière année il passa à l'Opéra. La fortune de l'Opéra-Comique fut malheureusement compromise par ses successeurs, MM. de Leuven et Du Locle [1] jusqu'à en arriver, avec ce dernier, à la faillite. On rappela encore une troisième fois M. Perrin, un peu comme liquidateur, mais non comme directeur effectif puisque cet éminent administrateur était alors — comme il l'est encore aujourd'hui — à la tête de la Comédie-Française qu'il ne voulut pas quitter pour reprendre, en quelque sorte, les épaves de

1. Du 16 novembre au 23 décembre 1875, M. Du Locle, absent pour cause de santé, fut suppléé par M. Ch. Nuitter, actuellement archiviste de l'Opéra.

l'Opéra-Comique. Enfin, après un interrègne d'une durée relativement assez longue, M. Carvalho fut nommé à la direction de l'Opéra-Comique qu'il occupe encore aujourd'hui.

Le nouveau directeur a porté très haut la fortune de l'Opéra-Comique, d'autant plus haut que les charges mêmes du théâtre ont augmenté. On peut se rendre compte d'ailleurs de l'importance de la progression des recettes de l'Opéra-Comique depuis l'entrée en fonctions de M. Carvalho (31 août 1876) par le tableau suivant des produits annuels du théâtre que cet éminent administrateur dirige avec tant d'habileté et de succès :

Année	
1871	555,589
1872	1.229,541
1873	1,267,463
1874	1,053,238
1875	947,265
1876	912,774
1877	931,302
1878	1,589,234
1879	1,135,993
1880	1,406,380
1881	1,721,688
1882	1,839,623
1883	1,818,080
1884	1,734,137

En dix années les recettes de l'Opéra-Comique ont donc augmenté d'environ 800,000 fr., et de près d'un million depuis la prise de possession de M. Carvalho.

C'est grâce à une admininistration toujours sur la brèche, toujours en éveil que de tels résultats ont été obtenus; mais grâce aussi à l'excellence d'une troupe d'artistes dont l'ensemble est supérieur à tout ce que nous ont présenté jusqu'à ce jour les prédécesseurs de M. Carvalho, troupe dont nous allons signaler momentanément les sujets dans la seconde partie de ce travail.

DEUXIÈME PARTIE [1]

L'ADMINISTRATION ET LES ARTISTES

1° ADMINISTRATION

Le directeur actuel de l'Opéra-Comique est, depuis le 31 août 1876,

M. LÉON CARVALHO

Né en 1825, cet éminent impresario a été tout d'abord, au théâtre même que sa brillante direction devait tant illustrer plus tard, un chanteur des plus ordinaires. Il y avait été engagé en 1847 comme basse chantante. C'est là qu'il connut et qu'il épousa, le 31 juillet 1853, mademoiselle Félix-Miolan,

1. Cette partie de notre travail prend date et s'arrête à la fin d'avril 1885.

depuis si célèbre sous le nom de madame
Miolan-Carvalho.

Peu après ce mariage, M. Carvalho quitta
le théâtre comme artiste pour se faire directeur et, en 1856 il prit une première fois
la direction du Théâtre-Lyrique, avec sa
femme comme étoile. On sait avec quel succès
réussit cette première direction. M. Carvalho
se manifesta tout de suite comme l'un des
plus habiles directeurs de théâtre de Paris ;
il releva le Théâtre-Lyrique et le porta à un
degré de gloire et de vogue jusqu'alors in-
connu à ce boulevard du Temple où le
Théâtre-Historique, l'Opéra-national et le
Théâtre-Lyrique, exploités dans la même
salle, n'avaient encore fait que de mauvaises
affaires. Cette première direction dura jusqu'au 8 avril 1860. Deux ans plus tard,
M. Carvalho devint de nouveau directeur du
Théâtre-Lyrique transporté au Châtelet.
Cette deuxième direction, non moins brillante, mais plus tourmentée et difficultueuse
que la première, se termina en mai 1868,
dans d'assez mauvaises conditions financiè-
res. L'honneur artistique du directeur sortit
seul sain et sauf de ce malencontreux résultat.

De cette époque, jusqu'à 1876, M. Carvalho
chercha un peu de tous côtés une nouvelle
voie à son activité et à ses ambitions. Il alla
au Caire diriger le théâtre du Khédive, fut
un moment directeur du Vaudeville, etc...

Lors de la déconfiture de M. Du Locle la direction de l'Opéra-Comique lui fut offerte. Et depuis ce jour entre ses mains expérimentées les destinées de ce grand théâtre ont pris une face tout à fait nouvelle : les belles recettes du beau temps de M. Emile Perrin sont revenues, elles ont même été dépassées. La troupe du théâtre offre un excellent ensemble toujours surveillé, entretenu, renouvelé, le répertoire s'enrichit de quelques œuvres nouvelles et vit d'ailleurs suffisamment sur les œuvres anciennes si nombreuses, si illustres, et rajeunies d'ailleurs par une interprétation toujours remarquable. M. Emile Perrin avait sauvé et renouvelé l'Opéra-Comique après la grande secousse de 1848 ; on peut dire que M. Carvalho a sauvé et renouvelé à son tour ce grand théâtre après le désastre, qui semblait irréparable, de 1876. Ce sont les deux plus habiles administrateurs qu'ait eus jusqu'à ce jour l'Opéra-Comique.

JULES GAUDEMAR

Administrateur général, très habile, très expérimenté ; a déjà rempli ces fonctions au Théâtre-Lyrique, sous les ordres de M. Vizentini, et au Vaudeville sous ceux de M. Carvalho.

EDOUARD NOEL

Secrétaire général, a succédé en 1881 à Aug. Post décédé, et qui n'avait que le titre de secrétaire du théâtre. M. Carvalho a rétabli pour notre confrère les fonctions de secrétaire général. On sait qu'Ed. Noël publie depuis 1875, avec Edmond Stoullig *les Annales du théâtre et de la musique*, précieux recueil qui retrace l'histoire dramatique et lyrique de chaque année avec une exactitude documentaire absolue.

————

Caissier : M. DURRANT,
Dessinateur : M. THOMAS,
Inspecteur du matériel : M. TH. JOURDAN,
Contrôleur en chef : M. LECOINTE,
Chef costumière : Mlle THOMAS,
Costumier : M. CANON,

Directeur de la scène : M. CHARLES PONCHARD, fils de l'ancien ténor de ce nom, l'illustre créateur de *la Dame Blanche*. M. Ponchard, qui a d'abord joué à la Comédie-Française, a appartenu ensuite pendant de longues années, comme ténor léger, à l'Opéra-Com que. Il met aujourd'hui, au service de ses nouveaux camarades, sa longue expérience et surtout le souvenir des anciennes traditions du théâtre qui se perpétueront ainsi parmi les générations successives d'artistes et de chanteurs.

Régisseur : M. LEGRAND, ancien artiste du Théâtre-Lyrique. Il prend parfois part aux représentations, et notamment tient depuis de longues années le rôle du chevalier d'Orbe dans *le Sourd ou l'auberge pleine*, d'Adam.

Iᵉʳ Chef d'orchestre : JULES DANBÉ, auparavant très connu comme virtuose de premier ordre sur le violon.

Seconds Chefs d'orchestre : MM. VAILLANT et BOURGEOIS.

Chefs du chant : MM. BAZILLE, BOURGEOIS, PIFFARETTI et GRANJANY.

Chef des Chœurs, M. CARRÉ.

Sous-chef id. M. MARIETTI.

Maîtresse de ballet, Mᵉˡˡᵉ MARQUET.

Sous-maîtresse — MAD. BARAU.

Régisseurs des Chœurs, MM. ROQUEBLAVE et RÉMON.

Chef machiniste, M. VARNOUT.

Sous-chef id. M. PARIS.

CONSEIL JUDICIAIRE

MM. MARTINI, CLÉRY, BEAUMÉ, avocats.

. MOUILLEFARINE, avoué.

SCHAYÉ, agréé.

2° ARTISTES

TALAZAC

Jean-Alexandre Talazac, né le 16 mai 1853, à Bordeaux, est aujourd'hui, sans conteste ni partage, le premier ténor de l'Opéra-Comique. Sa voix a autant de force que de grâce, et il peut chanter à volonté tous les ouvrages du répertoire, depuis *Joseph* où il a montré tant de douceur et de tendresse, jusqu'à *Manon* qui exige plus d'ampleur et dont plusieurs parties confinent au grand opéra.

Talazac a commencé comme beaucoup d'artistes, devenus célèbres et même illustres, par faire tout autre chose que du théâtre : il a d'abord été commis de magasin, chantre d'église, employé dans une maison de plâtrerie, puis enfin élève d'un professeur de chant de Bordeaux M. Gaston Sarreau qui l'emmena un beau jour à Paris où il le présenta au Conservatoire. Talazac y fut admis le premier, en 1875, sur 81 concurrents. Il en sortit deux ans plus tard avec un premier prix de chant, un second prix d'opéra-comique et un second prix d'opéra. Dans l'intervalle, et tout en étant au Conservatoire, il avait chanté avec un grand succès aux concerts Colonne le personnage de Faust dans la *Damnation* de Berlioz.

C'est seulement en 1878 que ce remarquable artiste fit ses premiers débuts à l'Opéra-Comique, le 20 avril, dans la reprise de *la Statue*. Le personnage de Selim lui permit de montrer dans un même rôle toutes les ressources de son talent : voix puissante et tendre à la fois, art de phraser remarquable, du style et une manière ample et large de dire le récitatif. Le succès de Talazac fut très grand, très vif, et se manifesta d'une façon plus brillante encore dans le rôle de Lorédan d'*Haydée* qui servit à ses seconds débuts. Puis vinrent *Roméo et Juliette* (janvier 1879) et *la Flûte enchantée* (avril) qui consacrèrent définitivement la renommée naissante du jeune ténor.

C'est dans *Jean de Nivelle* (8 mars 1880) que Talazac fit sa première création ; il y montra de doubles et rares qualités de chanteur et de comédien et concourut grandement par le succès personnel qu'il obtint, à la vogue de la partition de Leo Delibes. *Les contes d'Hoffmann*, *Joseph* où Talazac fut si dramatique et si touchant dans le beau rôle de Joseph, et enfin *Lakmé*, *Manon*, *Diana* et *Une Nuit de Cléopâtre* ont achevé d'établir la haute réputation que ce

remarquable ténor s'est acquise en si peu
d'années et qu'il doit autant à ses moyens
vocaux exceptionnels qu'à un travail constant et à des efforts ininterrompus.

On a conseillé, on conseille encore à Talazac de s'en aller chanter à l'Opéra *Faust*
ou *la Favorite*. Nous croyons que c'est le
pire conseil que d'imprudents amis puissent donner à cet éminent artiste. Que
l'exemple de Roger soit toujours présent à
sa mémoire! Lui aussi il était le plus brillant et le premier au-dessus de tous les artistes de l'Opéra-Comique; on l'adulait, on
l'encensait, on lui répétait sur tous les
tons que sa place était à l'Opéra, et pour
son malheur Roger écouta ces perfides
adulateurs qui l'ont conduit par le fait en
peu d'années à sa perte. Roger ne put tenir que dix ans à l'Opéra, et encore au prix
de quelles difficultés, et de quelles défail-
lances! Il dut se retirer avant l'âge et avant
le temps, usé, fatigué, surmené, alors qu'il
eût pu se maintenir dix ans de plus peut-
être dans sa glorieuse situation à l'Opéra-
Comique. Que Talazac se défie donc de
ceux qui lui souhaitent et lui montrent en
perspective la succession périlleuse de Roger, toujours vacante. Pour quelques soi-
rées heureuses que de déboires possibles,
et peut-être quelle chute!...

BERTIN

Emile-Antoine Bertin n'a qu'un filet de voix, une voix de tenorino, mais il s'en sert avec un goût et une habileté consommés; c'est en outre un agréable comédien qui joue avec expérience et esprit, en somme un des meilleurs artistes de l'Opéra-Comique.

Né le 7 mai 1850, il chercha d'abord, mais sans succès à entrer au Conservatoire. Elève de Duvernoy et de Nathan, il prit des leçons de comédie avec Boudeville, puis il alla s'essayer sans bruit aux Bouffes-Parisiens. De là il s'en fut chanter l'opéra-comique à Rochefort, puis à Bruxelles où il débuta en 1875, dans le rôle de Vincent de *Mireille*. Il resta trois ans à la Monnaie, y chantant tout le répertoire, même celui de grand opéra.

Ses premiers débuts à l'Opéra-Comique datent du 20 mai 1878 dans *le Postillon de Longjumeau*. Le succès de Bertin fut très vif, aussi bien comme chanteur que comme acteur. Cependant Bertin ne séjourna pas à ce moment plus d'un an au théâtre de M. Carvalho, et il accepta un engagement pour Marseille. Avant son départ, il chanta *Faust* deux fois à l'Opéra, et peu s'en fallut qu'il ne se liât alors par un engagement définitif à ce théâtre. Mais le bonheur de l'Opéra-Comique ne le voulut pas.

Le séjour de M. Bertin à Marseille fut court, mais très brillant : comme jadis à la Monnaie, il y chanta tout le répertoire : *Rigoletto*, *la Traviata* aussi bien que *Faust* et *la Dame Blanche*. Puis en juin 1882, il accepta de rentrer à l'Opéra-Comique avec un engagement de trois ans. Il s'y est fait applaudir et vivement apprécier dans *Fra-Diavolo*, *le Pré aux Clercs*, *Carmen*, *le Pardon de Ploërmel* etc... mais il est surtout charmant dans *le Postillon de Longjumeau*. C'est le personnage où Chollet a laissé le plus de souvenirs ; Bertin le joue et le chante de telle manière qu'on peut dire que dans ce rôle l'inremplaçable Chollet est aujourd'hui remplacé.

HERBERT

Le 11 octobre 1879, l'Opéra-Comique restauré faisait sa réouverture annuelle par la 1229° représentation du *Pré aux Clercs* avec les débuts d'un nouveau ténor, M. Herbert dans le rôle de Mergy. Le débutant, chanteur et acteur, de tenue médiocre, sans grande distinction surtout, avait une fort jolie voix de ténorino dont il se servait, dont il se sert encore aujourd'hui, avec beaucoup de méthode et de goût. Il réussit assez bien ce premier soir. L'année suivante, le 6 février, il reprit le rôle de ténor également léger dans *le Maçon*, et enfin le 21 mai, Horaçe du *Domino noir* qui est demeuré jusqu'à ce jour le meilleur où il ait paru. Herbert a chanté ensuite don Henrique des *Diamants de la Couronne*, *Fra-Diavolo*, don José de *Carmen*, Wilhelm, de *Mignon*, etc... C'est un artiste de second plan, consciencieux et utile et qui rend de très précieux services à l'Opéra-Comique.

MOULIÉRAT

A la date du 11 novembre 1879, jour des débuts de M. Mouliérat à l'Opéra-Comique, notre confrère Stoullig écrivait ce qui suit sur ce ténor distingué :

« Du 18° chasseurs où il rossignolait il y a trois ans, sans connaître encore une note de musique, jusqu'à l'Opéra-Comique où il a été engagé par M. Carvalho après ses derniers succès au Conservatoire, le jeune ténor Mouliérat a fait du chemin. C'est dans *le Désert* que nous l'avons entendu pour la première fois au concert Colonne ; c'est dans *Lalla Roukh* qu'il a débuté ce soir en attendant la reprise de *la Perle du Brésil*. M. Mouliérat semble voué à Félicien David dont il aura ainsi chanté successivement trois ouvrages importants. La demi-teinte convient d'ailleurs parfaitement à l'organe légèrement voilé de M. Mouliérat... »

Mouliérat n'est, en effet, qu'un tenorino,

mais sa voix a beaucoup de charme, beaucoup de tendresse même et il la dirige avec habileté. Après *Lalla Roukh,* il a chanté *Haydée* (Andréa,) Léon, du *Maçon,* un des fils de Jacob dans *Joseph,* Alphonse de *Zampa,* Lorenz de *la Perle du Brésil,* Wilhlem *de Mignon,* Tybalt de *Roméo* et créé *Les Pantins* de Hue (concours Crescent,) *la Nuit de la Saint-Jean, Mathias Corvin,* etc... En somme artiste charmant pour les deuxièmes rôles de ténor.

BARNOLT

Barnolt, de son vrai nom Paul Fleuret, est né à Paris le 13 juin 1842. On l'avait destiné à l'architecture, mais ses goûts le portant vers la musique, il entra au Conservatoire, sur la recommandation d'Auber, dans la classe de Charles Battaille, l'ancienne basse chantante de l'Opéra-Comique.

C'est aux Folies-Marigny que Barnolt parut pour la première fois devant le public parisien. La troupe de ce théâtricule comptait alors dans ses rangs Daubray et Céline Chaumont. Il y créa *Euréka, Mademoiselle de Longchamps, les trois Normandes, la veuve d'un vivant,* etc. Passé aux Fantaisies-Parisiennes, théâtre dirigé par Martinet, il y chanta de 1867 à 1870, y fit plusieurs créations importantes et reprit aussi divers rôles du répertoire de l'Opéra-Comique, entre

autres le grand cousin du *Déserteur* et Dasniè-
res du *Sourd* où il obtint un vif succès. A ce
moment deux directeurs, M. de Leuven de
l'Opéra-Comique et Jules Noriac des Bouffes,
lui proposèrent des engagements : Noriac
offrait des appointements trois fois plus
élevés que ceux que pouvait donner M. de
Leuven. Cependant Barnolt, dans l'intérêt
de sa situation artistique et de son avenir,
opta pour l'Opéra-Comique. Il y débuta fort
heureusement le 23 juillet 1870 dans le rôle
de Dandolo de *Zampa* où il fut très applaudi, par un public hélas! clairsemé en
raison des graves événements au milieu desquels son début se produisait. Mais après
la guerre, Barnolt effectua son second début
dans Bertrand des *Rendez-vous bourgeois* et
son troisième dans *la Cruche cassée* de Pes-
sard. Son succès fut complet. Depuis, cet
excellent et consciencieux artiste a repris je
ne sais combien de pièces du répertoire,
dont la nomenclature nous entraînerait au
delà des limites de cette notice. Sa belle voix
de trial, puissante quand il le faut, douce et
assouplie si son personnage l'exige, lui a permis d'aborder les rôles les plus divers dans
plusieurs desquels il serait difficile aujour-
d'hui de le remplacer. Parmi ces rôles nous
citerons surtout Midas de *Galatée*, Cantarelli
du *Pré aux Clercs*, Ali-Bajou du *Caïd*, où il
s'est montré à la fois acteur consommé et
chanteur de premier ordre, Daniel du *Chalet*.

C'est lui qui a créé le curieux personnage du Remendado dans *Carmen*, Folleville dans l'opéra-comique de Labiche et Valenti Mathurin dans *M. de Floridor*, Desfonandrès dans *l'Amour médecin*, Trivelin dans *Joli Gilles*, etc...

GRIVOT

Artiste d'un talent bien varié que ce Grivot, si amusant, si fin, si parfait comédien, et qui, avant d'arriver à l'Opéra-Comique, a joué successivement le drame, la féerie, la comédie et l'opérette, qu'on a vu et applaudi tour à tour aux Batignolles et à Montmartre, aux Délassements-Comiques et au Vaudeville, à la Gaîté, puis au théâtre du Khédive au Caire, et enfin au Théâtre Lyrique et aux Variétés. Que de rôles, de créations, de reprises ! Au Théâtre-Lyrique de Vizentini, Grivot chante l'opéra-comique : *le Sourd*, *les Rendez-vous bourgeois*, *Giralda*, *le Bouffe et le tailleur*, *l'Aumônier du régiment*, *Si j'étais roi !*... etc.. Excellent trial et ténor léger, il débute tout naturellement, sans tambour ni trompette, au théâtre de l'Opéra-Comique, le 8 mars 1880, dans Malicorne de *Jean de Nivelle*. Dès le premier jour, il est tout à fait de la maison et, pour ainsi dire comme chez lui. C'est un artiste de tradition, qui est bon partout et qu'on applaudit toujours pour la sûreté de son .

jeu et l'esprit et le naturel qu'il y sait mettre.
*M. de Floridor, l'Amour médecin, les Contes
d'Hoffmann, Galante aventure, la Nuit de la
Saint-Jean, la Flûte enchantée, Giralda, les
Rendez-vous bourgeois, Zampa, l'Aumônier du
régiment, Manon,* etc... consacrent successivement le succès toujours croissant de Grivot à l'Opéra-Comique, où son caractère
charmant, aimable et facile, lui a d'ailleurs
concilié la sympathie générale.

BARRÉ

Ce remarquable baryton a beaucoup
voyagé, et n'est que depuis quelques années
définitivement fixé à l'Opéra-Comique. Il
est né à Nantes vers 1840. Entré au Conservatoire en 1858, il a débuté l'année suivante à l'Opéra-Comique dans une reprise
du *Valet de chambre*. Après un an de séjour
à la salle Favart, Barré court la province
et l'étranger et accepte ensuite un engagement au Théâtre-Lyrique où il chante *Don
Juan, la Jolie fille de Perth, Martha, la Flûte
enchantée* et crée Mercutio dans *Roméo et Juliette* (avril 1867). En 1868, première rentrée
à l'Opéra-Comique dans *les Dragons de Villars*. Barré crée ensuite *le Corricolo* de Poise,
Dea de Cohen, *la Petite Fadette* de Semet,
etc. En 1871, il accompagne Capoul et Nilsson dans leur grande tournée en Améri-

que ; enfin après une saison à Milan faite
au retour de ce voyage transatlantique,
Barré revient une dernière fois à l'Opéra-
Comique où il est encore aujourd'hui. A la
fois acteur et chanteur, M. Barré avait déjà
un passé brillant. Il avait chanté en effet *Don
Juan*, au Théâtre-Lyrique, avec un charme
et un succès qu'on n'a pas oublié. A l'O-
péra-Comique il a repris ou créé des rôles
importants, et notamment dans les opéras
suivants : *le Val d'Andorre*, *le Nouveau
Seigneur du village*, *Piccolino*, *Gille et Gil-
lotin*, *Cinq-Mars*, *Bathyle*, *les Dragons de
Villars*, *les Travestissements*, *les Mousquetaires de la Reine*, *Suzanne*, *Embrassons-nous*,
Folleville, reprise de *Roméo et Juliette*, *le
Pré aux Clercs*, *le Domino noir*, *l'Aumônier
du régiment*, *Attendez-moi sous l'orme*,
Lakmé, etc... Aujourd'hui bien que la voix
soit naturellement moins jeune, mais toujours bien dirigée, l'acteur a encore fait des
progrès, et continue à compter parmi les
artistes qui forment la tête de colonne de
l'Opéra-Comique.

TASKIN

Bien jeune encore — puisqu'il est né seulement le 8 mars 1853 — Émile Alexandre
Taskin a débuté à l'Opéra-Comique le 25
avril 1879 dans le tambour-major Michel du

Card. Il avait d'abord chanté au Théâtre-Lyrique le rôle de Dominique de *Paul et Virginie*, aux lieu et place de Bouhy indisposé,
puis créé aux Italiens Lampourde dans *le
Capitaine Fracasse* et le moine Lorenzo dans
les Amants de Vérone.

Le succès de Taskin fut immédiat et très
vif. Joli garçon, très habile chanteur, doué
d'une voix un peu courte, mais pleine de
charme et qu'il conduit avec une grande
habileté, Taskin réussit de toutes les façons.
C'est un charmant comédien en même
temps qu'un charmant chanteur. *Jean de
Nivelle, les Contes d'Hoffmann, Carmen, le
Toreador, Philémon et Baucis, Manon, Diana,
Une Nuit de Cléopâtre*, etc., l'ont mis de plus
en plus en évidence. En somme à un peu
plus de 30 ans— pas beaucoup plus —Taskin
est en possession de la faveur publique au
même titre qu'un artiste qui aurait depuis
longtemps travaillé en vue de ce résultat.
C'est en outre un garçon aimable, sympathique et dont les succès font plaisir à tout le
monde, même à ses camarades, — ce qui
est rare dans le monde des artistes.

BELHOMME

Je ne sais si le nom que cet excellent artiste porte au théâtre est un pseudonyme;
il l'aurait dans ce cas, choisi sans doute

par ironie. M. Belhomme est précisément
le contraire d'un bel homme ; il est petit,
gros et court, mais il a une voix de basse
chantante magnifique, ample, puissante
même et dont il sait se servir avec beaucoup d'art et de goût.

Deux fois lauréat du Conservatoire, en
1879 (deux seconds prix de chant et d'opéra-
comique), il a débuté à la salle Favart le
11 novembre de la même année dans le rôle
de Baskir de *Lalla Rouck*. Il a chanté ensuite le *Domino noir* (Gil-Pérès), *le Toreador*
et je ne sais combien d'autres rôles de son
emploi. Il a créé *M. de Floridor, la Taverne
des Trabans* (Johannès), Crespel dans *les
Contes d'Hoffmann*, repris le chasseur du
Pardon de Ploërmel, Vulcain dans *Philémon
et Baucis ;* le chef des Brésiliens dans *la
Perle du Brésil*, Godwin dans *Diana*, etc..
Ajoutons que Belhomme est également un
comédien, ce qui double sa valeur comme
artiste d'un théâtre où s'il est bon de savoir
chanter un rôle, il n'est pas mauvais non
plus d'être capable de le bien jouer.

BOUVET

Ce remarquable baryton s'est fait d'abord
connaître, pour Paris, au théâtre des Folies-
Dramatiques où il a débuté, le 21 octobre
1882, dans l'opérette de M. Varney, *Fanfan*

la Tulipe. Cet artiste avait jadis chanté obscurément à l'Eldorado ; puis il avait fait les beaux jours des scènes lyriques d'Anvers, de Liège, de Genève, etc... Ses débuts dans l'opérette de Varney firent sensation : Bouvet a une voix sonore, supérieurement timbrée : il phrase avec goût et rarement les Folies-Dramatiques avaient possédé un pareil chanteur.

Le succès de Bouvet se continua aux Folies-Dramatiques dans les reprises de *la Fille de madame Angot* (Ange Pitou), et des *Cloches de Corneville*. Il créa ensuite des rôles dans *l'Amour qui passe* (6 juillet 1883), et dans *François les bas bleus* (8 novembre), puis il fut engagé à l'Opéra-Comique, où il débuta le 8 novembre 1884 dans la reprise du *Barbier de Séville* (Figaro). Son succès y fut très vif. Il a créé depuis des rôles importants dans *Le Chevalier Jean* et *Une Nuit de Cléopâtre*. Bouvet est désormais classé parmi les meilleurs barytons de son nouveau théâtre.

FUGÈRE

Fugère (Lucien) est né à Paris le 22 juillet 1848. Il appartient à une famille d'artistes, mais il n'a point passé par le Conservatoire. Son professeur de chant, un ancien ténor nommé Raguenot, lui apprit tout ce qu'il savait, et l'intelligence aidant,

la nature fit le reste. Regardez le spirituel
faciès de Fugère et vous comprendrez facilement combien vives et variées sont les
aptitudes de cet artiste distingué. Il s'essaya d'abord en beaucoup d'endroits avant
d'arriver à l'Opéra-Comique, et parut en
premier lieu sur la scène d'un café-concert,
Bataclan. Chose assez curieuse à noter,
Fugère y joua surtout le vaudeville et même
la comédie, et cela pendant quatre ans. Il
passa ensuite aux Bouffes-Parisiens où il
débuta le 23 janvier 1874. Il y joua nombre de rôles nouveaux et anciens, et pendant ses congés s'en alla chanter l'opéra-
comique à Néris où il retrouva son futur
chef d'orchestre Danbé comme directeur
du casino. Il fut enfin engagé à l'Opéra-
Comique et il y débuta le 9 septembre 1877
dans *les Noces de Jeannette*. Il y obtint un
grand succès par la rondeur et la finesse de
son jeu, en même temps que par son joli
timbre de voix et l'extrême habileté avec
laquelle il la dirige.

Depuis, Fugère a repris un nombre considérable de rôles du répertoire et fait plusieurs créations : Biju du *Postillon de Longjumeau*, Figaro des *Noces*, Papageno de *la
Flûte enchantée*, Capulet de *Roméo et Juliette*,
puis tout récemment Bartolo dans *le Barbier
de Séville*, et enfin d'importantes créations
dans *le Portrait*, *Joli Gilles*, *Manon* etc...
Personne, mieux que lui, ne chante le Girod

du *Pré aux Clercs*. « Sa gaîté communicative, son rire joyeux, l'ont rendu si sympathique aux habitués de l'Opéra-Comique, nous dit Félix Jahyer, que dès son entrée en scène, sa physionomie pleine de bonhomie lui conquiert tout de suite une attention que soutient, jusqu'à la fin du spectacle le charme de son organe savamment conduit et sa connaissance parfaite de la scène. » En somme, artiste d'un grand talent et des plus sympathiques : voilà Fugère en deux mots.

Madame HEILBRONN

Les premiers débuts de madame Heilbronn à l'Opéra-Comique remontent déjà à 1868. Née à Anvers, la future brillante et même éminente cantatrice de *Manon*, de *Roméo et Juliette* etc... avait obtenu au Conservatoire de Bruxelles un premier prix de piano et un premier prix de chant ; elle était ensuite devenue élève de Duprez, et c'est en l'entendant à l'un des cours de ce célèbre professeur que M. de Leuven l'engagea aussitôt à l'Opéra-Comique. Elle ne fit alors qu'y passer, chantant Nicette du *Pré-aux-Clercs*, et créant le *Café du Roi* de Deffès et *le Corricolo* de Poise.

A dater de ce premier départ de l'Opéra-Comique, et avant d'y rentrer si triomphalement dans la *Manon* de Massenet, (19 janvier 1884) madame Heilbronn a eu l'existence artistique la plus accidentée. Elle chante successivement à Ems en 1869, à la Haye jusqu'en avril 1870, au Cercle des Mirlitons en 1872 où elle crée une première fois le *Roméo et Juliette* du marquis d'Ivry, aux Variétés où elle reprend, en 1873, les *Braconniers* d'Offenbach, aux Italiens de M. Strakosch où elle chante, avec un vif succès, *la Traviata* et *Don Juan* (Zerline), puis un peu plus tard *les Amants de Vérone*, nouveau titre de l'opéra susnommé du marquis d'Ivry ; au Théâtre-Lyrique où elle crée le *Bravo* de Salvayre (18 avril 1877), et reprend *Paul et Virginie* ; à l'Opéra où elle chante *Faust* (3 nov. 1879), et *Don Juan* (5 janvier 1880)... Enfin à l'Opéra-Comique où cette nomade, mais si remarquable artiste, trouve dans *Manon* un succès vraiment digne de son talent si plein de nuances délicates et fines, d'imprévu et d'un charme si constant. La reprise de *Roméo et Juliette* (5 déc. 1884), et la création de la Reine dans *Une Nuit de Cléopâtre* de Massé lui ont valu de nouveaux triomphes qui nous font espérer que madame Heilbronn finira, cette fois, par se fixer à l'Opéra-Comique où elle peut tenir bien longtemps encore, et sans conteste, la première place. — Elle a épousé, il y a quelques années, le vicomte de La Panouze.

Madame GALLI-MARIÉ

Madame Galli-Marié n'appartient plus qu'intermittemment à l'Opéra - Comique où elle ne joue guère maintenant qu'un seul rôle en représentation, Carmen, dans le remarquable ouvrage de ce nom. Il est vrai que madame Galli-Marié n'a jamais pu y être remplacée. Madame Isaac s'y est essayée après elle, mademoiselle Castagné y a effectué ses débuts, mais on a été obligé d'en revenir à madame Galli-Marié qui s'est à jamais incarnée dans ce personnage qu'elle joue aujourd'hui plus qu'elle ne le chante, mais où elle est inimitable.

C'est en 1862, le 14 août, que madame Galli-Marié a paru pour la première fois à l'Opéra-Comique dans le rôle de Zerline de *la Servante Maîtresse*, où elle réussit à souhait. Elle a repris ensuite les *Amours du diable* de Grisar (sept. 1863) puis créé *Lara* de Maillart (21 mars 1864), le *Capitaine Henriot* (29 déc. 1864), *Fior-d'Aliza* (5 fév. 1866) *Mignon* (17 nov. 1866), son premier immense succès, un rôle où non plus on ne l'a jamais remplacée bien que tant d'autres débutantes s'y soient successivement essayées après elle ; *Robinson Crusoé* (23 nov. 1867) ; *la Petite Fadette* (11 septembre 1869) ; *Fantasio* (15 janvier 1872) ; *Don César de Bazan* (30 nov. 1872), *Piccolino* (11 avril 1875) etc.. Parmi les reprises faites par madame Galli-Marié à l'Opéra-Comique, nous citerons surtout *les Dragons de Villars* et *l'Ombre*. Mais rien n'approche, dans tous les rôles joués et chantés par cette remarquable artiste, de ses deux créations de *Mignon* [1] et de *Carmen*. C'est le 3 mars 1875 qu'elle a créé ce dernier rôle ; c'est dans ce même rôle qu'après une longue absence elle a reparu à l'Opéra-Comique le 27 octobre 1883. Cette dernière rentrée a eu toute l'importance d'un grand événement artistique et depuis madame Galli-Marié fait toujours recette dans le chef-d'œuvre de Bizet qui a atteint sa deux centième représentation le 1er février 1885.

Tout le monde sait que madame Galli-Marié est la fille de l'ancien chanteur de l'Opéra de ce nom, et qu'elle a deux sœurs dont l'une, Paola a été longtemps une étoile d'opérette, et dont l'autre, Irma a épousé le chef d'orchestre Colonne.

En somme, madame Galli-Marié laissera éternellement le souvenir de son nom à l'Opéra-Comique. Elle compte désormais et pour toujours au nombre des brillantes

1. La 700e représentation de *Mignon* a été donnée le 7 avril 1885. Madame Galli-Marie a chanté cet opéra plus de 400 fois à Paris. Mesdames Chapuy, Marie Fechter, Reine, Van Zandt, Nevada, d'Adler l'ont chanté après elle à la salle Favart. En province et à l'étranger, citons dans ce rôle mesdames Ritter, Lucca, Patti, Nilsson, Sembrich, Frandin, Albani, Ambre, Salla, Donadio, etc...

personnalités artistiques de l'histoire de ce théâtre.

Mademoiselle VAN ZANDT

D'origine hollandaise, Marie Van Zandt a vu le jour, le 8 octobre 1861, à New-York. Elève de Lamperti, professeur de la Malibran et de la Cruvelli, elle a étudié avec lui à Milan, puis elle a débuté en 1879 à Turin (*Don Juan* et *la Somnambule*) et enfin à Covent-Garden à Londres, dans la même année et dans les mêmes ouvrages, auxquels elle ajouta le page des *Noces de Figaro*. Elle y obtint un succès considérable, dû autant aux promesses de son talent naissant, qu'au charme, à la gentillesse et même à l'espièglerie de son aimable, mignonne et petite personne.

C'est le 18 mars 1880 — un triste anniversaire politique — que mademoiselle Van Zandt, engagée par M. Carvalho, a débuté à l'Opéra-Comique par le rôle de Mignon. On avait hésité un moment entre ce personnage et celui de Carmen ; mais on fit bien en choisissant Mignon où Marie Van Zandt obtint un succès extraordinaire dès le premier soir. Sa jolie voix de mezzo soprano, claire, bien timbrée, bien dirigée a fait merveille dans ce joli rôle qu'elle chante tel qu'Ambroise Thomas l'a récrit pour la Nilsson en le développant davantage. Le 23 mai de l'année suivante, nouveau triomphe de Marie Van Zandt dans la reprise du *Pardon de Ploërmel* où le rôle long et difficile de Dinorah lui est absolument favorable. Ici surtout la cantatrice fait preuve d'une virtuosité pleine de fougue et d'éclat en vocalisant avec une hardiesse incomparable certaines parties de son rôle. Le 9 mai 1882, troisième succès considérable de la jeune cantatrice dans le page des *Noces de Figaro*; cela devient même un peu du fanatisme. C'est qu'ici Van Zandt est adorablement le personnage voulu ; au physique d'abord, on ne saurait rêver un plus gracieux Chérubin. Puis vient *Lakmé*, opéra oriental de Leo Delibes (14 avril 1883) où Van Zandt remporte un nouveau triomphe supérieur encore aux précédents, car c'est là sa première création à l'Opéra-Comique. On ne jure plus que par elle à la salle Favart, où la fantaisiste chanteuse fait tout ce qu'elle veut, la pluie et le beau temps. Sa volonté fait loi ; elle revient ou ne revient pas à l'issue d'un congé, qu'importe ? on la prend, on la laisse repartir, on la reprend quand il lui plaît de revenir, et le public l'applaudit quand même. C'est une petite fée merveilleuse dont la baguette a captivé et ensorcelé tout le monde !

Cependant survient la fameuse soirée du 8 novembre 1884. Van Zandt doit chanter ce soir-là, pour la première fois Rosine du *Barbier de Séville*. La salle est comble, l'attention de tout le monde vivement excitée. c'est un événement théâtral. Au second acte Rosine entre en scène. Stupéfaction générale! Rosine ne se tient plus sur ses jambes, elle s'appuie contre un meuble, elle titube, des sons rauques sortent de son gosier, Rosine est... le mot est dur a prononcer! Rosine est ivre, ou du moins elle semble l'être. Le public se fâche, crie et siffle, le rideau tombe et Van Zandt disparaît. On sait que mademoiselle Mézeray, qui se trouvait par hasard dans la salle, en spectatrice, consentit à descendre en scène, chanta le rôle sans raccords, et y obtint un succès d'autant plus vif.

Le lendemain Van Zandt adressai aux journaux la lettre suivante :

9 novembre 1884.

Monsieur le rédacteur en chef,

Je fais appel à votre bienveillante volonté pour m'aider à mettre fin à la déplorable erreur dont je suis la victime.

J'ai été saisie en scène, hier, au moment de commencer mon grand air, d'un malaise physique, qui est venu s'ajouter à des appréhensions que comprendront tous les artistes, en abordant un rôle nouveau, sur cette scène de l'Opéra-Comique et devant ce public dont les suffrages ont un si grand prix pour moi.

Les médecins du théâtre l'ont constaté, et M. Carvalho peut affirmer qu'aucun d'eux n'a hésité à déclarer que c'est à cette cause qu'il fallait attribuer cette défaillance dont je subis les cruelles conséquences. J'ai trop le respect du public pour manquer aux égards que je lui dois et j'ai un trop grand souci de la dignité de mes chers camarades français, de cette famille d'élite qui m'a fait une place si enviée pour ne pas protester contre une accusation dont je rougis d'avoir à me défendre.

Je n'hésiterais pas un instant, monsieur, à m'excuser devant le public, si j'avais pu me rendre coupable d'une telle inconvenance ; mais j'affirme de nouveau qu'au moment où j'ai commencé mon air du *Barbier* j'ai été en proie à un vertige tel, que j'ai perdu le sentiment de ce qui se passait autour de moi.

Laissez-moi donc espérer de votre courtoisie, monsieur le rédacteur en chef, l'insertion de cette lettre ; et recevez, je vous prie, l'expression de mes sentiments les plus distingués.

Marie Van Zandt,
4, rue Christophe Colomb.

Nous serions presque tentés de donner ici raison à la charmante artiste que nous avons le plaisir de connaître personnellement et pour laquelle nous éprouvons une affectueuse sympathie. Il nous semble bien difficile que la jeune cantatrice que nous avons toujours connue si douce, si réservée, de tenue si discrète et si simple, soit devenue tout à coup et en si peu de temps une adepte fervente du divin Bacchus. Nous voulons croire encore que le public reviendra sur son compte à des sentiments moins sévères, et qu'avant de condamner définitivement Mignon, Chérubin et Rosine, il voudra encore entendre et réentendre Mignon, Rosine et Chérubin !

— Ces lignes étaient écrites lorsque Van Zandt, après une tournée artistique triomphale en Russie, est rentrée le 18 mars 1885, dans *Lakmé* à l'Opéra-Comique. Elle a chanté encore deux fois le rôle, les 20 et 26 du même mois, au milieu de l'hostilité chaque fois croissante du public. La dernière représentation a même été tellement houleuse, a donné lieu, surtout aux alentours de la salle, à un tel tumulte et à de si violentes protestations, que la cantatrice a dû, dès le lendemain 27 mars, demander la résiliation de son engagement.

Cette hostilité hors de mesure et si peu en rapport avec l'injure qu'on reprochait à Van Zandt, a-t-elle été bien raisonnée de la part du public? N'est-ce pas précisément le public lui-même qui sera la première victime de sa propre inconséquence en présence des futures Mignon et des invraisemblables Lakmé qu'on devra lui servir pour remplacer la petite idole qu'il vient si inconsidérément de briser?...

Madame BILBAUT-VAUCHELET

Madame Nicot, née Bilbaut-Vauchelet, a
vu le jour en 1857, à Douai. Second prix de
chant au Conservatoire en 1874, et premier
prix en 1875, elle s'en retourna dans sa
ville natale où elle devint professeur à l'a-
cadémie de musique de cette ville. Elle
donnait en même temps des leçons. En 1877,
M. Carvalho l'engagea à l'Opéra-Comique,
où elle débuta le 7 décembre 1877, avec un
grand éclat, dans Isabelle du *Pré aux Clercs*.
Elle chanta ensuite trois rôles importants,
Athénaïs des *Mousquetaires de la Reine*, Ca-
tarina des *Diamants de la Couronne* et Pras-
covia de *l'Etoile du Nord*. Sa première création eut lieu dans *Suzanne* de Paladilhe.
Elle reprit ensuite *la Flûte enchantée* (la
Reine de la nuit) et créa Arlette dans *Jean
de Nivelle* de Delibes. Enorme succès!...
Madame Bilbaut-Vauchelet est une virtuose
de premier ordre; elle a plus de science,
d'acquit et de classique même que de brillant; mais son style est irréprochable,
et elle chante mieux que personne. La
flamme lui manque peut-être un peu,
mais il y a tant de charme, de douceur, de
tendresse dans sa voix qu'on l'applaudit
quand même quoi qu'elle dise, quoi qu'elle
chante Cette charmante artiste a épousé le

4 juillet 1881, son camarade Nicot qui s'est retiré depuis peu de l'Opéra-Comique.

Mademoiselle MÉZERAY

C'est le 16 avril 1877, au malheureux Théâtre-Lyrique de Vizentini que mademoiselle Cécile Mézeray s'est fait entendre pour la première fois devant le public parisien ; elle chantait Rosine du *Barbier*, ce même rôle qui devait lui être si favorable sept ans plus tard à l'Opéra-Comique et qui, dans une soirée mémorable, l'a presque fait classer au rang des étoiles !

Cécile Mézeray est la seconde fille d'un ancien baryton qui devint ensuite, après de nombreuses années de théâtre, chef d'orchestre du grand théâtre de Bordeaux. Elle a deux sœurs, Caroline et Reine qui chantent avec succès en province. Dès 1871, à seize ans, — ce qui précise son âge, mademoiselle Mézeray chantait les Dugazon à Bordeaux. Elle fit ensuite une tournée en province et à l'étranger, vint à Paris et enfin, après un court passage au Théâtre-Lyrique, elle accepta un engagement à l'Opéra-Comique au prix de 3,000 francs par mois. Le 27 mai 1878 elle effectue son premier début dans le *Pré aux Clercs* (Isabelle), où elle réussit assez vivement. Bonne comédienne, meilleure musicienne encore, mademoiselle

Mézeray s'est posée dès le premier jour en artiste avec laquelle le public doit compter. Depuis elle a repris tous les grands et petits rôles de son emploi : *la Fille du régiment*, *Mignon* (Philine) *le Domino noir*, *Haydée*, *la Dame Blanche*, *les Diamants de la Couronne*, la reine de la nuit de *la Flûte enchantée*, *le Caïd*, Arlette *de Jean de Nivelle*, *Zampa*, Chérubin des *Noces de Figaro* etc... Enfin tout récemment, le fameux soir du non moins fameux incident Van Zandt (8 nov. 1884), mademoiselle Mézeray aborda pour la première fois à l'Opéra-Comique, au pied levé, et en remplacement de sa camarade indisposée, le rôle de Rosine du *Barbier de Séville*. Son succès y fut très grand, et prit même des proportions considérables qui auront une sérieuse influence sur l'avenir de l'aimable et habile contatrice. Elle a créé depuis l'important personnage de Diana dans l'opéra de Paladilhe (23 fév. 1885).

Mademoiselle MERGUILLIER

Le 28 décembre 1881, mademoiselle Merguillier, premier prix de chant au Conservatoire (dernier concours), a débuté à l'Opéra-Comique dans le rôle de Coraline du *Toréador*. « Mademoiselle Merguillier, dit notre confrère Ed. Noël, en parlant de ce remarquable début, est l'élève de l'un de nos meilleurs professeurs, M. Archainbaud. Elle vocalise avec une pureté, un goût et une finesse adorables qui lui valent un des plus grands succès de débutant auquel nous ayons jamais assisté ».

Cet heureux succès s'est continué et même accentué dans les autres rôles repris ensuite par mademoiselle Merguillier, notamment *Philémon et Baucis* (11 fév. 1882) [1] ; *les Diamants de la Couronne* (13 septembre); *Giralda* (24 janv. 1883); *Carmen,* rôle de Micaëla (21 avril); *le Pardon de Ploërmel* (16 septembre); etc... Encore bien jeune, mademoiselle Merguillier a l'avenir devant elle. On peut apprécier d'un mot ses qualités exquises de cantatrice déjà si pleine de savoir-faire et d'habileté en disant qu'elle est une des plus brillantes espérances de l'Opéra-Comique.

Madame MOLÉ-TRUFFIER

Née à Paris vers 1858, mademoiselle Molé (Zoé-Caroline-Marie) est la fille d'un ancien chef de musique de la garde impériale. Elle prit à Nice, où elle passa son enfance,

---

[1]. En parlant de cette reprise M. Edouard Noël s'exprime ainsi sur mademoiselle Merguillier : « Sa voix est juste et claire et elle la conduit avec une assurance qui n'a d'égale que la facilité et la souplesse de sa vocalisation ».

ses premières leçons de chant avec madame
Marie Cinti-Damoreau (madame Weckelin).

Entrée au Conservatoire à Paris, en 1876,
mademoiselle Molé étudia le chant avec
Boulanger et l'opéra-comique avec Charles
Ponchard. Elle obtint plusieurs accessits
jusqu'en 1880 et remporta aux concours de
cette dernière année (27 juillet) le premier
prix d'opéra-comique dans *Mireille*. Immé-
diatement engagée par M. Carvalho, mademoiselle Molé débute le 10 septembre à la
salle Favart dans le petit rôle de Brigitte
du *Domino noir*. Elle chante ensuite toutes
les Dugazons du répertoire : Laurette de
Richard Cœur de Lion, Jeannette du *Déserteur*,
Henriette du *Maçon*, Louise des *Rendez-vous
bourgeois*, etc... Elle crée aussi des rôles de
son emploi dans l'*Amour médecin* (Lucinde),
Attendez-moi sous l'orme (Agathe), *Lakmé*
(Rose), *Saute, Marquis!* (Edile), *Manon* (Pous-
sette), *le Baiser* (Adrienne), et enfin *Joli Gilles* où elle obtint un si vif et si franc succès
dans le rôle charmant de Violette.

Mademoiselle Molé a une jolie voix, fraîche, bien timbrée ; elle joue avec beaucoup
de goût et d'intelligence ; elle a en un mot
toutes les qualités du genre aimable auquel la Dugazon a laissé son nom. En 1881,
cette séduisante artiste a épousé l'un des
meilleurs comédiens de la jeune troupe du
Théâtre-Français, M. Truffier, un sociétaire de
l'avenir, — avenir prochain sans doute —

écrivain et poète, et qui porte sur son visage pétillant de malice tant de finesse et d'esprit.

Mademoiselle CHEVALIER

Mademoiselle Esther Chevalier a remporté, en 1873, les deux premiers prix de chant et d'opéra-comique. Elle était élève de Delle-Sedie au Conservatoire. Engagée aussitôt par M. de Leuven, elle débuta à l'Opéra-Comique dans le *Domino noir*. Sa voix n'est pas forte, mais suffisamment étendue et brillante ; l'artiste est distinguée de sa personne, fine et spirituelle et toujours bien en scène. Les premiers rôles — bien qu'elle en ait d'abord repris plusieurs — ne sont plus aujourd'hui son partage. Elle a chanté Philine de *Mignon*, Jeannette des *Noces*, Marie de *la Fille du régiment*, Zerline de *Fra Diavolo*, etc... mais actuellement cette intelligente artiste joue plutôt des rôles moins relevés au point de vue du chant, et qui ont au contraire leur importance au second plan, rôles dans lesquelles elle concourt puissamment, par l'expérience et l'habileté de son talent, à l'excellent ensemble qui signale aujourd'hui toutes les représentations de l'Opéra-Comique ; ainsi nous citerons Rafaëla d'*Haydée*, Mercédès de *Carmen*, la Reine de *Giralda*, Diana des *Diamants de la Couronne*, Julie des *Rendez-vous*, madame Bertrand du

Maçon, etc. Signalons tout à fait à part son brillant succès dans le petit rôle de la soubrette de *Galante aventure* (23 mars 1882), opéra de Guiraud. Elle a créé ensuite Arabelle de *Diana*, opéra de Paladilhe (23 février 1885). En un mot mademoiselle Chevalier est devenue aujourd'hui, par une nouvelle transformation de son talent, une véritable Dugazon, et à ce titre elle rend et rendra longtemps encore les plus réels et les meilleurs services à l'Opéra-Comique.

Madame ROSE DELAUNAY

Belle-fille de l'éminent sociétaire de la Comédie française, madame Rose Delaunay a débuté le 31 mai 1882 à l'Opéra-Comique dans le *Pré aux Clercs* qui lui avait valu sa récompense aux derniers concours du Conservatoire. Beaucoup de timidité et d'inexpérience, mais une voix jeune, fraîche, bien conduite dont la débutante s'est surtout victorieusement servie dans la *Fille du régiment*, où son succès a été beaucoup plus accentué. Elle a chanté ensuite Micaëla de *Carmen*. Madame Delaunay a l'habitude de la scène et beaucoup de distinction et de tenue ; c'est une artiste sympathique et qui est appelée à rendre dans un avenir prochain, d'importants services à son théâtre.

Mademoiselle CASTAGNÉ

Lauréat du Conservatoire, a débuté le 5 janvier 1884 dans *Carmen* qu'elle a joué trente fois de suite avec succès. Cette aimable artiste a créé, avec non moins de succès, le joli rôle du page dans *le Chevalier Jean* (11 mars 1885).

En dehors de ces divers artistes qui sont les têtes de colonne de l'excellente troupe de M. Carvalho, citons encore d'autres artistes, d'une moins grande valeur peut-être, moins en évidence aujourd'hui, dont beaucoup se feront un nom plus tard, et qui concourent actuellement par leur talent et leur bonne volonté à l'ensemble si parfait des représentations de l'Opéra-Comique. Nous y ajouterons les noms de quelques nouveaux venus qui n'ont pas encore eu le temps de se produire suffisamment, ou qui même n'ont pas encore débuté.

MAURAS

Ce ténor a débuté le 27 octobre 1883 dans *Carmen* (Don José) où il a montré beaucoup de feu, et de véritables qualités de comédien et de chanteur. C'est le seul rôle où il ait paru jusqu'à ce jour.

DEGENNE

A la reprise de *Lakmé* (10 mai 1884) s'est produit un nouveau ténor, M. Degenne qui a obtenu dès le premier jour un très vif succès. D'un physique agréable, M. Degenne conduit avec beaucoup d'art une voix bien timbrée, d'émission facile et puissante à l'occasion. Il chantait à Genève où M. Carvalho a été le chercher pour lui faire jouer *Lakmé* que ce ténor avait chanté quelque temps auparavant avec mademoiselle Van Zandt qui donnait des représentations en Suisse. Il a ensuite chanté Almaviva dans le *Barbier de Séville*.

CHENEVIÈRE

Agréable tenorino qui a débuté le 5 avril 1877 dans *Cinq-Mars* de Gounod (Montglas) et a joué ensuite dont *la Flûte enchantée*, dans *la Perle du Brésil*, *Philémon et Baucis*, etc...

GOURDON

Excellente ganache, « Laruette », très plaisant dans les personnages comiques du `répertoire, a débuté le 6 février 1880 dans le *Maçon*.

COBALET

Basse chantante dont le début date du 5 juin 1882 dans *Joseph* (un des fils de Jacob). Cobalet qui a une fort belle voix de basse chantante, a paru ensuite dans Lothario de *Mignon*, l'amiral de *la Perle du Brésil*, etc... Chanteur d'avenir.

DULIN

Lauréat du Conservatoire de 1883, a débuté le 14 décembre de cette année dans Sulpice de la *Fille du régiment* et a créé un rôle dans la *Diana* de Paladilhe. Bonne voix dont l'artiste sait tirer parti en chanteur déjà expérimenté.

ISNARDON

Fils d'un architecte de Marseille, entré au Conservatoire en 1882. Basse chantante, trois fois lauréat aux derniers concours, chant, opéra-comique et solfège, vient seulement d'être engagé par M. Carvalho. Il a créé le 23 février 1885 le rôle de Baxter dans *Diana* de Paladilhe.

FOURNETS

Brillant lauréat du Conservatoire aux derniers concours et qui a débuté le 5 décembre 1884 avec un vif succès dans le personnage de frère Laurent de *Roméo et Juliette*. Il a également créé un petit rôle dans le *Chevalier Jean*.

LUBERT

Ce ténor, qui vient de Bordeaux, a d'abord chanté avec un vif succès *la damnation de Faust* au Châtelet, puis *la Traviata* aux Italiens, avec la Sembrich. Il a débuté à l'Opéra-Comique dans *le Chevalier Jean* (11 mars 1885) où il a brillamment réussi.

———

Enfin citons *Muratet*; *Mauguière*; le baryton *Collin*, la basse *Bernard*; le ténor *Teste*; *Davoust*; *Reynal*, *Legrand*, le baryton *Troy*, etc...

Mlle DE ALDER

Brillante élève de la Patti, cette artiste d'origine russe, a débuté avec succès le 21 octobre 1884 dans *Mignon*. Débuts pleins de promesses.

Mlle REMY

Lauréat du Conservatoire en 1883. A débuté le 22 décembre de la même année dans Madeleine du *Postillon de Longjumeau*. Remplit avec esprit des rôles secondaires où elle peut en même temps faire apprécier sa jolie voix.

Mlle VIAL

Lauréat du Conservatoire de 1883, a débuté le 14 décembre de cette même année dans Marie de *la Fille du régiment*. « Petite. brunette, vive, alerte, dit notre confrère E. Noël, de belles notes graves dans le registre élevé. Sa voix a plus de force et d'étendue qu'on n'en attendrait d'une aussi mignonne personne. »

Mlle PIERRON

Elève du Conservatoire non couronnée. M. Carvalho a protesté contre l'arrêt du jury en engageant cette aimable artiste qui a débuté le 16 septembre 1882 dans le page Stefano de *Roméo et Juliette*. Le 5 décembre suivant, mademoiselle Pierron jouait Marceline des *Noces de Figaro*. C'est une utile, très utile utilité.

Viennent ensuite mesdames *Lastener*, *E. Dupont, Perret, Esposito* et *Emma Calvé*. Cette dernière artiste faisait partie de la troupe des Italiens que la déconfiture de Maurel a rendue libre, et M. Carvalho s'est empressé de l'engager. Elle a débuté avec succès, le 11 mars 1885 dans *le Chevalier Jean*.

LE BALLET

L'Opéra-Comique a aussi un corps de ballet, qui ne fonctionne que rarement, mais qui a cependant pour maîtresse en titre une ancienne ballerine longtemps célèbre à l'Opéra, mademoiselle Marquet, si belle et si imposante dans les rôles de reines ou de princesses. La sous-maîtresse de ballet est madame Barau. Quant aux artistes de la danse voici leurs noms : mesdames Milani, Barau, Wemelle, Gilet, Ducosson, Assailly, Mercier, Dupetit, Tainsi, Varnout, Paris 1re, Paris 2me. On adjoint au besoin, en cas extraordinaire, quelques premiers sujets à ce petit corps de ballet, en somme très suffisant pour les services intermittents qu'il est appelé à rendre.

GEORGES D'HEYLLI.

Juin 1885.

TABLE

PREMIÈRE PARTIE

DEUXIÈME PARTIE

IMPRIMERIE GÉNÉRALE DE CHATILLON-SUR-SEINE. — A. PICHAT.